실전 모의고사
TEST 1

MP3

TOPIK II

듣기, 쓰기
(Listening, Writing)

수험번호(Registration No.)		
이 름 (Name)	한국어(Korean)	
	영 어(English)	

유 의 사 항
Information

1. 시험 시작 지시가 있을 때까지 문제를 풀지 마십시오.

   Do not open the booklet until you are allowed to start.

2. 수험번호와 이름을 정확하게 적어 주십시오.

   Write your name and registration number on the answer sheet.

3. 답안지를 구기거나 훼손하지 마십시오.

   Do not fold the answer sheet; keep in clean.

4. 답안지의 이름, 수험번호 및 정답의 기입은 배부된 펜을 사용하여 주십시오.

   Use the given pen only.

5. 정답은 답안지에 정확하게 표시하여 주십시오.

   Mark your answer accurately and clearly on the answer sheet.

   marking example | ① ● ③ ④ |

6. 문제를 읽을 때에는 소리가 나지 않도록 하십시오.

   Keep quiet while answering the questions.

7. 질문이 있을 때에는 손을 들고 감독관이 올 때까지 기다려 주십시오.

   When you have any questions, please raise your hand.

※ [1~3] 다음을 듣고 가장 알맞은 그림 또는 그래프를 고르십시오. (각 2점)

01

①

②

③

④

02

①

②

③

④

03

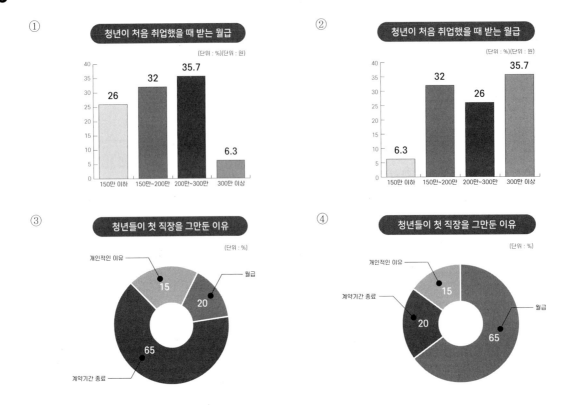

※ [4~8] 다음을 듣고 이어질 수 있는 말로 가장 알맞은 것을 고르십시오. (각 2점)

04

① 저도 식당에 다녀왔어요.

② 그렇군요. 저도 많이 먹었어요.

③ 맞아요. 아침을 먹으면 건강해져요.

④ 제가 김밥을 좀 사다 드릴까요?

05

① 저도 머리가 아프네요.

② 그래요? 제가 약을 좀 사 올까요?

③ 그럼 따뜻한 커피를 드세요.

④ 오늘 일이 너무 많아서 그렇죠?

06

① 다음에는 난방을 틀고 자요.

② 난방을 끄고 자면 어때요?

③ 그래요? 그럼 따뜻한 차라도 마실래요?

④ 저는 어젯밤에 너무 더웠어요.

07

① 카페에서 공부할 수 있는 공간도 많이 늘었으면 좋겠어요.

② 조금 더 다양한 콘셉트의 카페가 많이 생겼으면 좋겠어요.

③ 다양한 종류의 차를 파는 카페가 늘어난 것은 좋은 일이에요.

④ 성수동뿐만 아니라 다른 지역에도 이런 카페가 생기면 좋겠어요.

08

① 저도 오늘은 야근 안 하니까 6시쯤 만나기로 해요.

② 몇 시에 퇴근할지 생각해 봐야겠어요.

③ 6시에 퇴근한다고 하니끼 정말 다행이에요.

④ 그럼 지금 바로 출발하는 게 좋겠어요.

※ [9~12] 다음을 듣고 여자가 이어서 할 행동으로 가장 알맞은 것을 고르십시오. (각 2점)

09

① 전화로 고장 신고를 한다.　　② 믹서기에 전원을 연결한다.

③ 믹서기의 전원 버튼을 켠다.　　④ 믹서기를 사용해 야채를 간다.

10

① 간 마늘을 준비한다.　　② 김치 재료를 준비한다.

③ 김치를 포장한다.　　④ 양념 재료를 사 온다.

11

① 피팅룸에서 옷을 입어 본다.　　② 쇼핑한 옷을 계산한다.

③ 다른 사이즈의 옷을 가지고 온다.　　④ 직원에게 다른 색이 있는지 묻는다.

12

① 포도맛 음료수를 구매한다.　　② 같은 상품을 가져온다.

③ 다른 음료수를 장바구니에 넣는다.　　④ 음료수의 종류를 확인하고 온다.

13

① 남자와 여자는 회사 행사를 준비 중이다.
② 회사 행사는 토요일에 한다.
③ 여자는 남자에게 이메일을 보낼 예정이다.
④ 여자는 행사의 날짜를 착각했다.

14

① 이 축제는 약 두 달 동안 진행된다.
② 이 축제에서는 생일 파티가 열린다.
③ 이 축제에서는 무료로 사은품을 제공한다.
④ 푸드트럭은 저녁에 이용이 가능하다.

15

① 매일 이 식당을 이용할 수 있다.
② 이 식당에서는 식사비를 받지 않는다.
③ 처음에는 어른들만 이 식당을 이용했었다.
④ 다음 주부터 이 식당의 가격 정책이 바뀐다.

16

① 이 프로그램은 일주일 안에 100만 명의 사람이 사용했다.
② 이 프로그램은 사람이 하는 말을 잘 이해하지는 못한다.
③ 이 프로그램은 동물의 언어를 따라 한다.
④ 이 프로그램으로 대화의 흐름을 파악하는 데는 한계가 있다.

17

① 휴대폰을 사용하는 것이 일의 효율을 늘리는 데 도움이 된다.

② 일을 할 때에는 집중력을 높이는 것이 중요하다.

③ 휴대폰을 통해서 더 많은 사람들과 연락하는 것이 가능하다.

④ 휴대폰 사용을 금지하는 것을 사무실 규칙으로 정할 필요가 없다.

18

① 소비기한은 식품에 대해 정확한 정보를 얻는 것을 방해한다.

② 사람들은 소비기한에 더 익숙해져 있다.

③ 식품을 언제까지 먹을 수 있는지를 알면 더 효율적으로 관리가 가능하다.

④ 식품에 소비기한을 표시하는 것보다 유통기한을 표시하는 것이 좋다.

19

① 국민이 느끼는 외로움 때문에 사회적으로 다양한 문제가 생긴다.

② 외로움의 문제는 가족 안에서 먼저 해결해야 한다.

③ 외로움을 겪는 사람들을 적극적으로 치료해 줘야 한다.

④ 국민들의 외로움의 문제는 개인만의 문제이므로 신경 쓰지 않아도 된다.

20

① 사람들은 어떻게 소통해야 하는지 배운 적이 없다.

② 상대방의 반응에 지나치게 반응하는 것이 건강한 소통이다.

③ 소통에 대해서도 연습이 필요하다.

④ 건강한 소통을 하려면 대화를 끊는 연습을 해야 한다.

21 남자의 중심 생각으로 가장 알맞은 것을 고르십시오.

    ① 부자가 되기 위해서 월급의 일부를 매달 저축하는 습관이 중요하다.

    ② 돈을 버는 것에 집중해야만 부자가 될 수 있다.

    ③ 돈을 잘 관리하는 것보다 어떻게 벌어야 하는지가 더 중요하다.

    ④ 지출과 수입을 계속 늘리는 것이 좋다.

22 들은 내용으로 맞는 것을 고르십시오.

    ① 부자가 되려면 돈을 버는 것에 집중해야 한다.

    ② 보통의 사람들은 돈을 버는 방법에 대해서만 생각한다.

    ③ 월급이 많아지면 지출 또한 많아져야 사회에 도움이 된다.

    ④ 지출을 계속해서 늘리는 것이 돈을 잘 관리하는 방법이다.

23 여자가 무엇을 하고 있는지 고르십시오.

    ① 여자는 김치 포장 용기를 마음에 들어 했다.

    ② 여자는 포장 용기에 전화번호를 적고 싶어 한다.

    ③ 여자는 포장 용기의 디자인에 대해 구체적으로 설명하고 있다.

    ④ 여자는 상품의 포장 용기에 대해 문의하고 그 상품을 대량 주문했다.

24 들은 내용과 같은 것을 고르십시오.

    ① 이 제품은 김치를 만드는 기계를 말한다.

    ② 이 제품의 포장 용기에는 마트의 로고가 들어간다.

    ③ 이 포장 용기는 한국의 전통적인 김치 용기를 본떠 만들었다.

    ④ 이 포장 용기에는 기능이 전혀 없다.

25 여자가 무엇을 하고 있는지 고르십시오.

   ① 여자는 남자에게 당뇨병에 대한 진료를 받고 있다.

   ② 여자는 남자에게 의학적인 지식을 묻는 인터뷰를 하고 있다.

   ③ 여자는 최근에 있었던 일에 대해 남자에게 묻고 있다.

   ④ 여자는 흰 설탕과 흰쌀밥을 어떻게 먹어야 하는지 설명하고 있다.

26 들은 내용과 같은 것을 고르십시오.

   ① 자신이 당뇨병인지 모르는 사람도 있다.

   ② 대한민국 성인의 대부분은 당뇨병을 앓고 있다.

   ③ 당뇨병에 걸리면 걸리는 즉시 증상을 느낄 수 있다.

   ④ 당뇨병 예방을 위해서 흰쌀밥을 섭취하는 것이 중요하다.

27 여자가 말하는 의도로 알맞은 것을 고르십시오.

   ① 고기를 먹는 대신 채식을 해야 건강해진다.

   ② 음식물 쓰레기를 바로 버리는 습관이 중요하다.

   ③ 가정에서 사용하는 전기 사용량을 줄여야 한다.

   ④ 지구온난화를 막기 위해 여러 가지 노력이 필요하다.

28 들은 내용과 같은 것을 고르십시오.

   ① 해양 생물 중에 4분의 1 이하만 생존에 위협을 받고 있다.

   ② 지구온난화를 막기 위해서 탄소를 사용하는 것이 필요하다.

   ③ 고기를 많이 먹는 것이 환경을 위해 도움이 된다.

   ④ 앞으로 지구의 기온이 더 상승할 것이다.

29　남자는 누구인지 고르십시오.

　　① 스포츠 경기에 대해서 해설을 하는 사람

　　② 스포츠 경기에 출전하는 사람

　　③ 스포츠 경기에 대해 사전 조사를 하는 사람

　　④ 스포츠 선수를 가르치는 사람

30　들은 내용과 같은 것을 고르십시오.

　　① 남자는 예전에 국가대표 감독이 되는 것이 꿈이었다.

　　② 남자는 예전에 한 스포츠 경기 선수였다.

　　③ 남자는 지금 은퇴하고 다른 선수들을 가르친다.

　　④ 남자는 아직도 스포츠 경기에 참가하기 위해 반복해서 훈련한다.

31　남자의 중심 생각으로 가장 알맞은 것을 고르십시오.

　　① 아이돌 연습생들이 너무 힘들게 훈련하고 있다.

　　② 지나치게 힘들게 훈련하는 아이돌 연습생들의 훈련 방식이 개선되어야 한다.

　　③ 전문가의 도움을 받아 아이돌 연습생을 채용해야 한다.

　　④ 아이돌 연습생에게 식단 조절은 필수이다.

32　남자의 태도로 가장 알맞은 것을 고르십시오.

　　① 남자는 여자의 말에 동의하면서 새로운 방법을 제안하고 있다.

　　② 남자는 여자의 말의 반대 의견을 내세우고 있다.

　　③ 남자는 자신의 의견이 맞다고 주장하고 있다.

　　④ 남자는 여자의 의견을 일부 인정하면서 염려하는 부분을 말하고 있다.

33 무엇에 대한 내용인지 알맞은 것을 고르십시오.

① 노년내과가 필요한 이유

② 노인의 특징과 질병 유형

③ 노화의 의미와 예시

④ 노년 내과의 정의와 역할

34 들은 내용과 같은 것을 고르십시오.

① 노년내과란 노년을 준비하는 사람들이 찾는 진료과이다.

② 젊었을 때 많이 먹는 것이 노화 예방에 좋다.

③ 노화는 30대 후반부터 시작되며 인지 기능의 저하가 먼저 나타난다.

④ 노화를 막기 위해서 60세 이상의 경우 단백질을 많이 먹어야 한다.

35 남자는 무엇을 하고 있는지 고르십시오.

① 새로 나온 프로그램의 특징을 설명하고 있다.

② 새로운 상품에 대해 홍보하고 있다.

③ 컴퓨터의 발달 과정을 설명하고 있다.

④ 앞으로 사라질 직업에 대해 설명하고 있다.

36 들은 내용과 같은 것을 고르십시오.

① 인공지능 프로그램이란 전문직 일자리를 대체하기 위해서 만든 프로그램이다.

② 4세대에 걸쳐 영향을 미치는 프로그램이 발명되었다.

③ 생성형 인공지능은 수억 개의 직업에 영향을 끼칠 것이다.

④ 인공지능 프로그램은 미국 변호사 시험에서 상위 10%의 성적을 냈다.

37 여자의 중심 생각으로 가장 알맞은 것을 고르십시오.

① 영화 벤허는 삶의 진리가 담긴 작품이다.

② 베스트셀러가 된 작품만이 오랫동안 사랑을 받는다.

③ 톰 아저씨의 오두막의 인기는 역대 최고이다.

④ 용서를 해야만 사람의 한이 풀린다.

38 들은 내용과 같은 것을 고르십시오.

① 영화 벤허는 10개 부문에서 아카데미상을 수상했다.

② 소설 벤허의 판매량은 소설 톰 아저씨의 오두막의 판매량에 못 미친다.

③ 소설 벤허는 브로드웨이 쇼로 만들어진 적이 있다.

④ 벤허의 잘못을 예수가 용서해 주었다.

39 이 대화 전의 내용으로 가장 알맞은 것을 고르십시오.

① 남자가 세상에서 가장 행복한 사람에 대해 발표했다.

② 여자가 행복한 사람들의 예를 얘기했다.

③ 남자가 행복의 조건은 무엇이 있는지 말했다.

④ 여자가 행복을 느낀 순간에 대해 말했다.

40 들은 내용과 같은 것을 고르십시오.

① 자율성이 주어지면 사람들은 행복에 반대되는 선택을 한다.

② 행복을 느끼기 위해서 자기 스스로 선택한 것들을 다른 사람에게 보여줄 수 있어야 한다.

③ 다른 사람들과 관계를 맺는 것은 행복에 아무런 영향을 미치지 않는다.

④ 자신이 발전하고 유능하다고 느낄 때 사람들은 행복을 느낀다.

※ [41~42] 다음을 듣고 물음에 답하십시오. (각 2점)

41 이 강연의 중심 내용으로 가장 알맞은 것을 고르십시오.

① 도시가 세계적인 영향력을 가지려면 농업 생산량이 높고 경제적인 영향력이 있어야 한다.

② 무역 거래에서 위험이나 손실을 막기 위한 방법은 아무것도 없다.

③ 한국 무역보험공사는 아시아 전역을 담당하는 기관이다.

④ 농업 생산량을 늘려야 강대국이 될 수 있다.

42 들은 내용과 같은 것을 고르십시오.

① 엄청난 농업 생산량을 기록하는 것은 주변국에 영향을 미치지 못한다.

② 지형적인 이유 때문에 다른 나라와 거래하게 되는 일은 없다.

③ 예전에는 무역 거래와 관련한 손실을 예방할 수 있는 방법이 전혀 없었다.

④ 무역 거래를 통해 나라 간 영향력을 높일 수 있다.

※ [43~44] 다음을 듣고 물음에 답하십시오. (각 2점)

43 무엇에 대한 내용인지 알맞은 것을 고르십시오.

① 한글의 창제 원리

② 표음문자의 종류

③ 고대 언어의 종류와 기원

④ 한글의 특징과 차별점

44 한글의 특징으로 맞는 것을 고르십시오.

① 한글은 표음문자이다.

② 한글은 소리와 의미를 모두 표현할 수 있다.

③ 한글에 글자의 의미를 담을 수 있다.

④ 한글은 상형문자이다.

45 들은 내용과 같은 것을 고르십시오.

① '꽃 피는 아몬드 나무'를 그린 반 고흐는 이 그림을 사랑하는 여인에게 주려고 했다.

② '꽃 피는 아몬드 나무'라는 그림은 반 고흐의 동생의 자녀를 위해 그려졌다.

③ '꽃 피는 아몬드 나무'는 반 고흐의 초기 작품이다.

④ '꽃 피는 아몬드 나무'는 애통한 마음으로 그린 그림이다.

46 여자가 말하는 방식으로 알맞은 것을 것을 고르십시오.

① 작품의 역사적인 가치를 평가하고 있다.

② 작품이 의미하는 내용에 대해 말하고 있다.

③ 작품이 탄생한 과정에 대해서 설명하고 있다.

④ 작품을 그린 기법에 대해 구체적으로 설명하고 있다.

47 들은 내용과 같은 것을 고르십시오.

① 플라스틱 오염으로 인해 많은 자연이 훼손되고 있다.

② 자연 분해되는 플라스틱이 이미 개발되었다.

③ 과테말라 중부에 있는 강은 회색빛 물의 색깔 때문에 관광명소가 되었다.

④ 지금까지 인류가 생산한 플라스틱은 결코 많지 않다.

48 남자가 말하는 방식으로 알맞은 것을 것을 고르십시오.

① 환경 보호를 위해 친환경 제품을 만들어야 한다는 목소리를 내고 있다.

② 환경 보호가 잘 지켜지지 않는 상황에 대해 우려하고 있다.

③ 구체적인 수치를 들어 사람들에게 공포심을 조장하고 있다.

④ 새로운 기술에 대해 언급하면서 가격이 얼마나 합리적인지 말하고 있다.

49 들은 내용과 같은 것을 고르십시오.

① 날씬한 몸을 유지하면 부자가 될 수 있다.

② 다이어트의 종류는 2가지뿐이다.

③ 칼로리를 제한하는 것은 체중을 줄이는 데 아무런 도움을 주지 않는다.

④ 분해된 지방을 에너지로 사용하면 체중을 감량할 수 있다.

50 여자가 말하는 방식으로 알맞은 것을 것을 고르십시오.

① 체지방을 줄이기 위해서 필요한 것에 대해 설명하고 있다.

② 날씬한 몸을 유지해야만 아름다운 것이라고 주장하고 있다.

③ 지방을 태우는 방법을 예시를 들어 설명하고 있다.

④ 살을 빼기 위해서 해야 하는 운동에 대해 강조하고 있다.

※ [51~52] 다음을 글의 ㉠과 ㉡에 알맞을 말을 각각 쓰시오. (각 10점)

51

선생님, 오늘 뵙게 되어 정말 좋았어요.

오늘 같이 식사도 하고 카페도 가서 선생님과 좋은 추억을 만든 것 같아 기쁩니다.

저는 다음 주 수요일과 목요일 저녁에 시간이 있는데 (㉠   )?

선생님을 꼭 다시 뵙고 싶어요.

다음 번에는 어디에서 만나는 게 좋을까요?

선생님께서 한식을 좋아하시니까 (㉡   ).

그 식당에서 함께 음식을 먹으면서 즐거운 대화를 나누면 좋겠어요.

52

　바나나는 우리 몸의 건강에 도움이 되는 효능이 있다. 첫째, 암을 예방해 준다. 바나나가 숙성되면 생기는 검은 점에 암을 예방하는 효과가 있기 때문에 바나나를 구입 후 즉시 먹기보다는 (㉠   ). 둘째, 바나나는 변비에도 좋다. 평소에 화장실에 가는 것이 어려운 사람들은 (㉡   ).

53 다음은 '사회적인 고립도 및 사회적인 고립을 느끼는 상황'에 대한 자료이다. 이 내용을 200~300자의 글로 쓰시오. 단, 글의 제목은 쓰지 마시오. (30점)

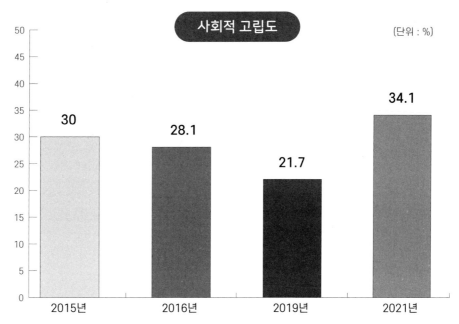

* 사회적 고립도란 조사대상 연구 중 '집안일을 부탁하거나', '이야기 상대가 필요한 경우' 둘 중 하나라도 도움을 받을 곳이 없는 사람의 비율임

[사회적인 고립을 느끼는 상황]
1. 아플 때 집안일을 부탁할 사람이 없는 경우
2. 힘들 때 이야기할 상대가 없는 경우

54 다음을 참고하여 600~700자로 글을 쓰시오. 단, 문제를 그대로 옮겨 쓰지 마시오. (50점)

요즘 청년 실업률이 높아지고 있다. 청년실업률이란 15세에서 29세의 경제활동인구 중 실업자의 비율을 말한다. 취업 시장이 더욱 어려워지면서 사회에 진출하여 경제적 기반을 다지기 시작해야 할 청년기에 일자리조차 구하지 못하고 있는 것이다.

1. 청년 실업률이 높아지는 이유는 무엇이 있는가?
2. 청년 실업률이 높아짐에 따라 생길 수 있는 사회 문제는 무엇인가?
3. 청년 실업을 해결할 수 있는 좀 더 확실하고 효과적인 해결책은 무엇인가?

* 원고지 쓰기의 예

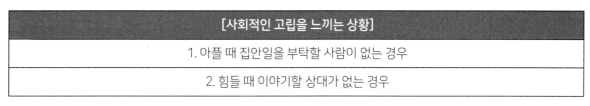

	식	물	은		다	양	한		방	법	으	로		자	신	을		보	호
한	다	.	덩	굴	성		야	자	나	무	는		빈		줄	기	를		개

제1교시 듣기, 쓰기 시험이 끝났습니다. 제2교시는 읽기 시험입니다.

실전 모의고사
TEST 1

TOPIK II

읽기
(Reading)

수험번호(Registration No.)		
이 름 (Name)	한국어(Korean)	
	영 어(English)	

유 의 사 항
Information

1. 시험 시작 지시가 있을 때까지 문제를 풀지 마십시오.

   Do not open the booklet until you are allowed to start.

2. 수험번호와 이름을 정확하게 적어 주십시오.

   Write your name and registration number on the answer sheet.

3. 답안지를 구기거나 훼손하지 마십시오.

   Do not fold the answer sheet; keep in clean.

4. 답안지의 이름, 수험번호 및 정답의 기입은 배부된 펜을 사용하여 주십시오.

   Use the given pen only.

5. 정답은 답안지에 정확하게 표시하여 주십시오.

   Mark your answer accurately and clearly on the answer sheet.

   marking example   ① ● ③ ④

6. 문제를 읽을 때에는 소리가 나지 않도록 하십시오.

   Keep quiet while answering the questions.

7. 질문이 있을 때에는 손을 들고 감독관이 올 때까지 기다려 주십시오.

   When you have any questions, please raise your hand.

※ [1~2] (   )에 들어갈 말로 가장 알맞은 것을 고르십시오. (각 2점)

01 휴대폰을 (   ) 여기에서 하면 돼요. (2점)

① 충전하든지　　　　　　　　　② 충전하거나

③ 충전하려면　　　　　　　　　④ 충전하니까

02 6시가 지난 후에 남편이 (   ). (2점)

① 퇴근할 거예요　　　　　　　　② 퇴근하고 싶어요

③ 퇴근하고 있어요　　　　　　　④ 퇴근할 걸 그랬어요

※ [3~4] 밑줄 친 부분과 의미가 가장 비슷한 것을 고르십시오. (각 2점)

03 이 운동화는 가격이 <u>비싸지만</u> 인기가 많다. (2점)

① 비싼데도　　　　　　　　　　② 비싸거나

③ 비싸거든　　　　　　　　　　④ 비싼 만큼

04 그렇게 성실한 사람이 지각<u>했을 리가 없다</u>. (2점)

① 했을 지도 모른다　　　　　　② 했음에 틀림없다

③ 하지 않았을 것이다　　　　　④ 한 것이나 다름없다

05

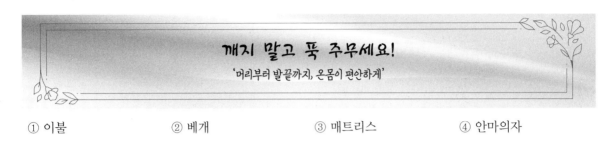

깨지 말고 푹 주무세요!

'머리부터 발끝까지, 온몸이 편안하게'

① 이불　　　② 베개　　　③ 매트리스　　　④ 안마의자

06

베푸는 것이 최고의 소통

안 쓰는 물건을 기부하세요.

① 바자회　　　② 재활용품　　　③ 백화점　　　④ 쇼핑백

07

이제는 집 밖에서도 터치 한 번으로 편리하게!

집 안의 전기를 켜고 끄세요!

① 스마트홈 애플리케이션　② 전기 사용 주의 사항　③ 전등 스위치　④ 전기 콘센트

08

65세 이상 고령자만 신청이 가능합니다.

월 소득이 평균 소득 이하인 경우에만 신청하실 수 있습니다.

① 자격 요건　　　② 신청 방법　　　③ 신청 순서　　　④ 주의 사항

09

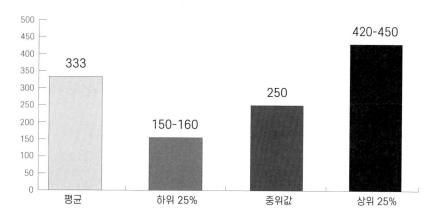

제1회

온라인 한국어 말하기 대회

대상 : 한국어를 좋아하는 외국인 누구나
영상 제출 기간 : 9월 1일 ~ 9월 15일 24시
영상 내용 : 1분 분량의 '내가 한국을 좋아하는 이유'
상금 : 대상 100만 원과 한국행 비행기 왕복 티켓 / 우수상 50만 원 / 특별상 20만 원

*제출된 모든 영상은 한국 방송 유튜브 채널에서 보실 수 있습니다.

① 이 행사는 오래전부터 개최되었다.

② 자유로운 주제로 영상을 찍어 제출하면 된다.

③ 이 대회에서 1등을 하면 한국에 올 수 있다.

④ 사람들은 오직 수상작품만 온라인에서 볼 수 있다.

10

대한민국 전체 근로자 월 소득 수준

(단위 : 만 원)

평균	하위 25%	중위값	상위 25%
333	150-160	250	420-450

① 한국 사람들의 상위 25%는 적어도 420만 원을 번다.

② 한국 사람들은 모두 300만 원 이상씩 번다.

③ 한국 사람들의 평균 소득은 250만 원이다.

④ 한 달에 180만 원을 번다면 하위 25%에 해당한다.

11 (2점)

> 최근 외식 물가가 가파르게 상승하면서 서울에서는 자장면 한 그릇 가격이 7,000원 선을 처음 넘어섰다. 한국소비자원 가격정보 종합포털 '참 가격'에 따르면 서울 기준 자장면 한 그릇 가격은 8월 6,992원에서 지난달 7,069원으로 올랐다. 서울의 자장면 외식비는 2014년 9월 4,540원에서 2019년 10월 5,000원이 된 데 이어 지난해 4월 6,000원대로 오른 바 있다. 서울에서는 식당의 삼겹살 200그램의 가격도 8월 19,150원에서 지난달 19,253원으로 올랐다.

① 서울의 물가 상승이 점차 완화되고 있다.

② 외식 물가가 급격히 오르면서 자장면 한 그릇의 가격도 올랐다.

③ 최근 자장면을 먹으려면 6000원만 내면 된다.

④ 삼겹살 가격은 하락하고 있는 추세이다.

12 (2점)

> 국내에서 대만 간식이 흥행하고 있다. 2008년 출시된 망고 빙수를 필두로 버블티, 대만 카스텔라부터 최근 엄청난 인기몰이를 하고 있는 탕후루까지 대만의 간식이 국내에서 수십 년째 인기를 얻고 있는 것이다. 사회관계망 서비스의 발달과 중화권 여행객 증가 등이 대만 간식 흥행을 이끌고 있다는 분석이 나오고 있다. 망고 빙수 이후 2012년 버블티, 2016년 대만 카스텔라, 2019년 흑당 버블티, 올해 탕후루까지 순차적으로 인기를 얻고 있는데, 얼마 전 방영된 여행 프로그램을 통해 대만을 여행하는 한국 여행객이 늘었고 대만 현지에서 디저트를 맛본 여행객도 증가하면서 자연스레 대만 디저트에 대한 전반적인 관심이 높아졌다.

① 한국에 처음 들어온 대만 간식은 카스텔라였다.

② 대만 음식에 대한 관심이 높아지면서 대만 디저트에 대한 관심도 높아지도 있다.

③ 한 방송 프로그램으로 인해 대만을 여행하는 한국 여행객이 늘어났다.

④ 최근에는 한국에서 대만의 망고빙수가 유행하고 있다.

13 (2점)

> (가) 또한 이번 축제를 통해 지난해 보다 다양한 예술품 경매를 진행한다고 한다.
> (나) 예술의 거리 축제는 '믿을 수 없게 재미있는 광주'라는 주제로 지난 6월에 개막했다.
> (다) 이번 축제는 중견 작가 협업 전시, 예술품 경매, 야외 공연 등 다양한 프로그램으로 운영된다.
> (라) 이 예술품 경매는 축제 기간인 6일부터 8일까지 예술의 거리에서 열린다.

① (나)-(다)-(라)-(가)   ② (다)-(라)-(나)-(가)
③ (나)-(라)-(다)-(가)   ④ (다)-(나)-(라)-(가)

14 (2점)

> (가) 시청 담당자는 위법 사항이 아니기 때문에 별도의 제재를 할 수 없다는 입장이다.
> (나) 해당 행사는 자정을 넘긴 야간까지 이어진다.
> (다) 서울시가 지하철 역사 내에서 주류를 판매하는 행사를 기획해서 논란이 됐다.
> (라) 또한 공간이 제한된 지하에서 진행되는 만큼 사고 위험이 있는 큰 상황이다.

① (다)-(나)-(라)-(가)   ② (가)-(라)-(나)-(다)
③ (다)-(라)-(나)-(가)   ④ (가)-(다)-(라)-(나)

15 (2점)

> (가) 매출액 증가의 이유로는 추석 명절을 맞아 선물세트 등의 수요가 급증하였기 때문이었다.
> (나) 이 수치는 전년 동기에 비해 28%가 증가한 수치이다.
> (다) 또한 '사이소'에서는 명절 선물 기획전과 같이 다양한 시기별, 테마별 행사를 진행하면서 올해부터 큰 인기를 얻고 있다.
> (라) 최근 경상북도에서 운영하는 공공 쇼핑몰 '사이소'의 매출액이 3분기와 4분기 기준 288억 원을 달성했다.

① (가)-(나)-(라)-(다)   ② (라)-(가)-(나)-(다)
③ (가)-(라)-(나)-(다)   ④ (라)-(나)-(가)-(다)

16 (2점)

> 바쁜 현대 사회인들에게 명상의 중요성이 조명을 받고 있다. 명상은 사람들의 집중력을 키워주고, 긍정적인 생각과 감정을 경험하게 한다. 또한 실수를 인정하는 마음과 내려놓기를 통해 현실에 집중할 수 있도록 내면의 힘을 키워준다. 이러한 명상은 공포와 불안을 느끼기 쉬운 사람들에게도 (   ). 자신의 감정을 있는 그대로 바라볼 수 있는 마음의 힘을 키워준다는 것이다.

① 효과가 있다고 알려졌다

② 도움이 안 된다고 한다

③ 어려운 마음을 느끼게 한다

④ 신체적으로 성장하게 해준다

17 (2점)

> 신조어의 가장 큰 특징 중 하나는 그 수명이 길지 않다는 것이다. 현재 우리가 살아가고 있는 시대에는 다양한 언어들이 사용되고 있다. 크게는 우리가 쓰는 한글과 외국어로 나뉘지만 이제는 단순히 외국어만이 우리의 언어장벽을 만들고 있지 않다. 바로 신세대들이 사용하는 '신조어' 때문이다. 신조어란 (   ). 이처럼 신조어는 주로 새로운 사물이나 현상을 표현할 때 사용된다.

① 외국어를 한국어로 바꾼 것을 뜻한다

② 유행하는 말을 뜻한다

③ 짧게 줄여서 말하는 것을 뜻한다

④ 새로 생긴 말을 뜻한다

18 (2점)

> 일반적으로 야식을 먹는 것은 안 좋다고 알려져 있지만 밤에 건강한 음식을 간식으로 먹으면 건강에 도움이 되는 사람들도 있다고 한다. 예를 들어 늦은 저녁을 먹으면 저혈당을 관리할 수 있고, 아미노산이 함유된 특정 음식을 먹으면 잠을 자는 데 도움을 주기도 한다. 그러나 잠자리에 들기 직전에 단 음식을 먹으면 우리 몸이 잠을 자는 동안 (   ) 이로 인해 깊이 잠들지 못하면서 수면을 방해할 수도 있다.

① 화장실에 자주 가게 되고

② 편안함을 느끼고

③ 지나치게 소화에 집중해야 하고

④ 지방을 만들어 내고

세상에서 가장 쉬운 습관을 하나 꼽자면 해야 할 일을 미루는 일이 있다. 미루는 것이 습관이 된 사람들은 마지막 날까지 일을 미루다 마감 시간에 맞춰 (   ) 일을 한다. 한두 번 일을 어쩔 수 없이 미루는 건 괜찮지만 습관적으로 해야 할 일을 매번 미루면 인생을 잘 계획하기가 쉽지 않다. 이것이 생활 습관으로 정착되면 운동을 미루다 건강을 잃고 돈 관리를 미루다 노후 준비를 하기가 어려워진다. 이러한 일을 방지하기 위해서는 첫째, 외면했던 것들을 당장 실행하고 둘째, 작은 성공을 매일 쌓는 것이 중요하다. 마지막으로 좋아하는 행동을 하면서 미뤄왔던 행동을 함께하는 것이다.

19 (   )에 들어갈 알맞은 것을 고르십시오. (2점)

① 급하게   ② 순차적으로

③ 벌써   ④ 이미

20 윗글의 주제로 가장 알맞은 것을 고르십시오. (2점)

① 세상에서 가장 쉬운 습관은 일을 미루는 것이다.

② 일을 미루는 습관을 바꿔야 인생을 잘 계획할 수 있다.

③ 일을 할 때는 마감기한에만 맞추면 된다.

④ 일을 미루는 것은 모든 사람들의 특징이다.

> 새로운 언어를 배우는 것에는 장점이 많이 있다. 그럼에도 불구하고 3가지 이상의 언어를 유창하게 말하는 사람은 적다. 사람이 어른이 되면 언어 자체에 대한 관심이 줄어들게 되지만 새로운 언어를 배우는 것의 장점은 여러 가지가 있다. 우선 다른 언어를 배우면서 모국어도 함께 발전시킬 수 있다. 새로운 언어를 배우면서 모국어의 문법이나 어휘에 대해서도 향상시킬 수 있다. 그리고 집중력이 높아진다. 한 연구에 따르면 여러 언어를 이해하는 사람은 한 언어밖에 하지 못하는 사람보다 여러 단어를 더 잘 구분했다. 마지막으로 새로운 언어를 배우게 되면 뇌를 훈련시켜 (   ) 발병을 늦출 수 있다.

21 (   )에 들어갈 알맞은 것을 고르십시오. (2점)

① 치매를 예방하거나   ② 더 많은 단어를 구분하거나

③ 집중력을 높이거나   ④ 기억력이 향상되거나

22 윗글의 내용과 같은 것을 고르십시오.(2점)

① 새로운 언어를 배우는 것은 사람에 따라 다른 영향을 미친다.

② 외국어를 배우는 것은 모국어 향상에 도움이 되지 않는다.

③ 새로운 언어를 배우면 질병 예방에 도움이 된다.

④ 새로운 언어를 배울수록 단어를 기억하는 능력이 저하된다.

꿈에 그리던 직장에 입사를 하게 되었다. 그 기업은 우리나라에서 내로라하는 인재들이 일하는 기업이다. 몇 개월 동안 준비한 끝에 서류 전형과 필기시험 그리고 면접 전형을 통과해 어려운 과정을 거쳐 드디어 내가 그 기업에 입사하게 된 것이다. 세상을 다 가진 기분이었다. 그렇게 열정적으로 일한 지 1년쯤 지났을 때였다. 갑자기 몸 상태가 좋지 않아 응급실에 실려 간 적이 있었다. 머리가 어지럽고 몸살이 심했으며 <u>원인을 알 수 없는 두통 때문에 고통스러웠다.</u> 다행히 큰 병은 아니었지만 너무 지나치게 일을 하지 말라는 의사 선생님의 권고가 있었다. 그 이후로 나는 아무리 바빠도 시간을 쪼개어 매일 운동을 하기 시작했다. 지금은 매일 30분씩 달리기를 통해 기초 체력을 다지고 있다. 식습관 또한 완전히 바꾸어 인스턴트 음식을 자제하고 건강식 위주로 식단을 챙겨 먹고 있다.

23 밑줄 친 부분에 나타난 '나'의 심정으로 가장 알맞은 것을 고르십시오.

① 조급하다

② 속이 시원하다

③ 답답하다

④ 번거롭다

24 윗글의 내용과 같은 것을 고르십시오.

① 나는 지금의 직장에 들어가기 위해 몇 년을 준비했다.

② 내가 입사한 기업은 중소기업이다.

③ 1년 정도 일을 한 뒤에 몸이 좋지 않아 응급실에 가게 되었다.

④ 예전의 생활습관을 여전히 버리지 못하고 있다.

25

> 연봉 3억 줘도 못 구한다, 공공병원 의사 구인난 심각

① 의사들이 공공병원에 지원하는 숫자가 현저히 줄고 있다.

② 연봉을 높게 주면 줄수록 의사 인력이 더 잘 수급된다.

③ 공공병원에서는 다른 병원보다 의사들의 연봉이 더 높다.

④ 예산 부족으로 인해 공공병원에서 의사를 구하기가 더욱 힘들어졌다.

26

> 오리고기 비싼 이유 있었다. 12년간 공급 통제한 협회

① 오리고기의 가격이 12년 동안 지속적으로 상승했다.

② 오리고기의 수급을 제한해서 일부러 가격이 높아지게 만들었다.

③ 오리고기에 영양이 많다고 알려져서 급격하게 가격이 상승했다.

④ 오리고기 관련 협회에서 12년 동안 오리고기의 가격을 일방적으로 결정했다.

27

> 공항버스, 고급 리무진으로 '줄줄이' 전환에 요금 60% 올라

① 공항버스의 서비스가 현저히 좋아져서 이용자 수가 늘었다.

② 공항버스가 줄줄이 좋은 평가를 받았기 때문에 요금 상승에 영향을 미쳤다.

③ 공항버스의 기종을 고급 기종으로 바꾸는 바람에 승객들의 부담이 늘어났다.

④ 공항버스를 만드는 기업이 제조방식을 바꿔서 공항버스의 성능이 좋아졌다.

※ [28~31] (　　　)에 들어갈 말로 가장 알맞은 것을 고르십시오.(각 2점)

28

　　성공하는 사람들에게는 몇 가지 공통점이 있다. 먼저, 성공한 사람들은 책을 많이 읽는다는 것이다. 그러나 성공한 사람들이 대부분 다독가이지만 다독가가 (　　　　　　) 아니다. 책을 읽는 것도 중요하지만 그 책의 내용을 내 것으로 만들어야 비로소 삶이 변할 수 있다. 책을 읽고 그냥 흘려 보내는 것이 아니라 그 책을 통해 교훈을 얻고 내 삶에 적용시켜 긍정적인 변화를 이루는 사람들이 성공할 확률이 높아지는 것이다.

① 책의 내용을 다 외우는 것은

② 모두 성공하는 것은

③ 책 내용처럼 사는 것은

④ 지식이 많은 것은

29

　　3 · 1 운동은 처음에 고종의 장례식인 1919년 3월 3일 월요일에 진행될 예정이었으나, (　　　　　　　　) 전 황제에 대한 예의가 아니라는 천도교 측의 의견과 2일은 일요일이기 때문에 피하자는 기독교 측의 의견으로 3월 1일 토요일에 진행하게 되었다. 3 · 1 운동은 수개월 동안 지속되며 중소도시를 거쳐서 국경을 넘어 전 세계로 전파되는 위대한 민족 운동으로 역사에 기록되었다.

① 월요일에 일을 진행하는 것은

② 봄에 일을 치르는 것은

③ 장례식 날을 택하는 것은

④ 고종과 관련된 날을 고르는 것은

30

> 　회사가 성장할 때 더 큰 목표를 달성하기 위해 인력 규모를 늘려 나갈수록 더욱 명확해지는 것은 (　　　　　　　　　　) 것이다. 인사가 곧 만사라는 것은 불변의 진리와도 같다. 그러므로 이 회사에 입사하여 정말 진심을 다해 열정적으로 일해 줄 사람을 뽑는 것이 다른 어떤 일보다도 중요할 수 있다. 그렇게 되면 나중에는 그렇게 채용된 인재들이 회사 안에서 점점 성장하여 회사가 더 큰 목표를 달성할 수 있도록 돕기 때문이다.

① 적합한 인재의 채용이 중요하다는

② 월급을 인상해 주는 것이 좋다는

③ 직원이 많은 것이 무조건 좋다는

④ 직급이 높은 사람들을 많이 뽑는

31

> 　현대 문명은 소비자의 생활에 편리를 주고 이것은 다시 상품의 대량 생산을 통해 이루어진다. 편리한 상품의 대량 생산이 (　　　　　　　　　) 과언이 아니다. 따라서 소비자가 이러한 편리성과 대량 생산이 가지는 단점을 알아야 그로 인한 피해를 막을 수 있다. 대표적으로 현대 문명이 발전하면서 생긴 피해는 인위적인 화학물질로부터 오는 경우가 많다.

① 경제를 일으켰다고 해도

② 현대 문명을 만들었다고 해도

③ 일자리를 많이 창출했다고 해도

④ 사람들을 발전시켰다고 해도

32

> 태양 에너지는 빛의 형태로 지구에 들어오는데, 이는 직진으로 지구에 들어오기도 하지만 파도 물결처럼 출렁이면서 지구에 들어온다. 과거에는 빛이 입자 형태를 띤 광자라는 물질이고 이 물질이 태양으로부터 지구로 날아오면서 에너지를 전달하는 것으로 인식했다. 그러나 추후에 빛은 파동의 성질도 동시에 갖는 것으로 밝혀졌다. 이렇게 빛은 입자의 성질을 띠면서 파동의 성질을 동시에 띠는데 이를 '빛의 이중성'이라고 한다.

① 태양 에너지는 한 가지 방식으로만 지구에 들어온다.

② 빛의 입자 형태를 띤 광자가 지구로부터 날아가면서 에너지를 전달한다.

③ 빛은 입자와 파동의 성질을 동시에 갖고 있다.

④ 태양 에너지는 직진하여 지구에 들어오는 형태만 있다.

33

> 한국은 압도적인 1등만이 존재하는 사회다. 그만큼 전 세계 어딜 내놔도 쟁쟁한 1등이 존재하지만 나머지 2등 이하는 살아남지 못하는 치열한 사회라는 말이다. 어떤 사람들은 이것을 한국 사람들의 성향에 따른 문제라기보다는 한국이 한참 성장하고 있는 사회이기 때문이라고 말한다. 성장 사회의 그다음 단계는 성숙 사회라고 주장하는 사람들도 있다. 이러한 성숙 사회로 가면 갈수록 사람들에게는 다양성이 더욱 중요해진다. 나답게 사는 방식이 무엇인지 정의하고 주관적인 행복을 추구하는 사람들이 더욱 늘어나게 되는 것이다.

① 한국은 이제 다양성을 중요시하는 성숙 사회로 변하고 있다.

② 한국 사람들의 성향상 다양성은 허용되지 않는다.

③ 성장 사회의 다음 단계는 성숙 사회이며 이 사회에서 다양성은 사라진다.

④ 한국 사회는 경쟁이 심하고 이것은 한국 사람들의 고유한 특징 때문이다.

34

> 아로마 테라피는 자연의 향기를 이용하여 심신 안정과 몸의 활력을 되찾는 치료법 중 하나이다. 향기는 우리의 감각을 자극하고 감정을 안정시키는 데 도움을 줄 수 있으며, 다양한 종류의 향이 사용된다. 아로마 테라피는 전통 의학에서부터 현대 치료법에까지 폭넓게 사용되고 있으며, 스트레스 감소, 수면 개선, 통증 완화 등 다양한 목적으로 활용된다. 바쁘게 사는 현대인들에게 이렇게 긴장을 풀고 안정을 취할 수 있는 활동이 점점 각광을 받고 있다.

① 아로마 테라피는 향기를 이용하여 감각을 자극하는 치료법이다.

② 아로마 테라피는 오직 전통 의학에서만 사용된다.

③ 아로마 테라피는 스트레스 감소에는 도움이 되나 아픈 곳을 치료하지는 못한다.

④ 아로마 테라피는 몸을 더욱 긴장하게 만들어 몸매 유지에 도움이 된다.

※ [35~38] 다음을 읽고 글의 주제로 가장 알맞은 것을 고르십시오.(각 2점)

35

> 앞으로 우리의 미래는 '초연결 사회'가 구현될 것이라고 한다. 이 초연결 사회를 만드는 데 가장 핵심적인 것은 바로 사물인터넷이다. 인간이 아닌 사물이 물체 또는 정보를 이해하고 해결하는 것이 사물인터넷 기능의 핵심인데, 이것을 이용하는 사람은 컴퓨터나 스마트폰과 같은 장치로 생활에 필요한 거의 모든 것을 처리하고 해결할 수 있는 것이다. 이로 인해 사람과 기계, 천연자원, 물류 네트워크, 소비습관, 재활용 등 경제생활과 사회생활의 거의 모든 것들이 센서와 소프트웨어를 통해 인터넷에 연결되어 빅데이터를 구성하게 된다.

① 사물인터넷은 미래의 기술적 개발에 별다른 영향을 주지 않는다.

② 초연결 사회에서는 인간이 아닌 사물이 정보를 이해하고 해결할 것이다.

③ 사물인터넷은 사람과 기계 간의 대화를 위한 기술이다.

④ 빅데이터는 사물인터넷을 사용하지 않고도 충분히 생성할 수 있다.

36

학교 교육에서 언제부터 외국어 교육이 제도적으로 시작되어야 하는가는 교육의 목표에 따라 달라질 수 있다. 예를 들어 학습자의 언어 구사 수준이 원어민 수준까지 도달해야 하는 것을 목표로 한다면 어릴 때부터 제2외국어에 노출되는 것이 좋다. 그러나 이때 반드시 염두에 두어야 할 점이 있다. 제2외국어에 빨리 노출되는 것이 어린 학습자에게 모국어 즉, 제1언어를 충분히 발달시킬 기회를 박탈한다면 제2외국어의 빠른 노출이 오히려 단점이 될 수 있다는 것이다. 제2외국어를 배우느라 모국어의 습득이 지연될 수 있기 때문이다.

① 언어 교육은 어릴 때부터 시작해야만 잘 습득할 수 있다.

② 어릴 때 제2외국어에 노출되기만 하면 상당히 큰 이점을 얻을 수 있다.

③ 제1언어의 발달은 항상 제2외국어의 빠른 노출보다 더 중요하다.

④ 언어 교육의 시작 시기는 학습자의 교육 목표에 따라 달라질 수 있다.

37

인간의 뇌는 영장류의 뇌와 비슷하면서도 다른 점이 많다. 인간과 유전자가 98% 이상 동일한 침팬지의 뇌와 인간의 뇌를 비교해 보면 인간의 뇌는 부피가 3배 이상 크다. 나머지 2%의 유전적 차이는 뇌의 신경세포 발달의 차이에서 나타난다. 특히 사고의 영역을 관장하는 전두엽은 파충류의 뇌에서는 찾아볼 수 없다. 인간의 장기 중 중추신경계를 관장하는 뇌보다 중요한 장기는 없을 것이다. 이 뇌는 쓰면 쓸수록 발달하는 장기이지만 나이와 상황 등을 이유로 사람들은 더 이상 뇌를 발달시키는 것을 포기하는 경우가 많다.

① 인간의 뇌는 침팬지의 뇌와 모두 동일하다.

② 침팬지의 뇌가 인간의 뇌보다 3배 이상으로 부피가 크다.

③ 침팬지의 유전자는 98% 이상 인간의 유전자와 동일하다.

④ 곤충들도 전두엽을 가지고 있어 스스로 사고할 수 있다.

38

백수의 왕 사자는 아프리카 대륙 전역에서 서식하는 것으로 알려져 있지만 사실 유럽 사자도 존재했고 중동이나 인도 등지에서도 사자가 살고 있었다. 하지만 지금은 그것들을 볼 수 없다. 인간이 사자들의 영역을 침범했고 어떤 이유로 몰살시켰기 때문이다. 인간은 동물의 관리자가 아니라 동물과 동일한 구성원이며, 동물들의 서식지를 침입한 침입자라는 사실을 알아야 한다. 동물들의 서식지를 침범하는 것은 인간이 해야 하는 일이 아니다. 동물들의 생존권을 존중하고 서식지를 보호하고 지구에서 동물들과 공생하는 방법에 대해 연구하고 실천해야 한다.

① 사자는 오직 아프리카 대륙에서만 서식하는 동물이었다.

② 지금까지도 유럽과 중동, 인도 지역에서 사자가 살고 있다.

③ 인간은 동물의 관리자로서 동물의 서식지를 침범할 권리가 있다.

④ 인간이 동물들의 생존권을 존중하고 서식지를 보호해야 한다.

39

바이러스는 복제 수단을 가지고 있지 않기 때문에 증식을 하기 위해서는 숙주를 이용하는 수밖에 없다. (㉠) 숙주가 없는 바이러스란 존재할 수 없는 것이다. (㉡) 먼저 숙주 세포의 문을 열 수 있는 열쇠가 필요하다. (㉢) 세포는 자물쇠로 자신의 출입문을 잠그고 있다. (㉣) 바이러스는 그것을 열 수 있는 단백질을 가지고 있어야만 한다. 열쇠가 되는 단백질이 세포의 것과 맞지 않으면 그 어떤 것도 세포 안으로 들어갈 수 없는 것이다. 생물마다 자물쇠의 모양이 다르기 때문에 그에 맞는 열쇠도 다를 수밖에 없다.

바이러스가 숙주 세포에 침입하기 위해서는 여러 가지 조건이 맞아야 한다.

① ㉠   ② ㉡   ③ ㉢   ④ ㉣

40

유엔세계식량계획(WFP)은 기아가 없는 세상을 위해 생명을 구하고 삶을 변화시키는 광범위한 활동을 80여 개국에서 펼친다. (㉠) 이 기관은 분쟁, 기후 충격 및 기타 재난을 포함한 위협에 대한 영향을 완화시킨다. (㉡) 또한 장기적인 자립과 복원력을 구출할 수 있는 지속 가능한 생계 수단을 개발하는 정부와 지역사회를 지원한다. (㉢) 매년 배급되는 식량은 약 150억 개 분량으로, 개 당 한국 돈 690원의 가치를 지니고 있다. (㉣)

이 기구에서는 매일 트럭 6,500대, 선박 20척 그리고 항공기 140대를 활용해 식량을 포함한 여러 가지 구호 물품을 지원하고 있다.

① ㉠   ② ㉡   ③ ㉢   ④ ㉣

41

아이들이 자연환경과 어울리며 노는 것은 창의력과 상상력을 발달시키는 데 큰 역할을 한다. (㉠) 아이들은 꽃과 나무 사이에서 자유롭게 놀며 자연의 아름다움을 체험할 수 있다. (㉡) 또한, 자연 속에서 문제를 발견하고 해결하며 학습하는 기회를 얻게 된다. (㉢) 이것을 통해서 아이들의 창의력뿐만 아니라 지적인 자극을 주는 상상력까지 발달시킬 수 있는 것이다. 이러한 경험은 학교 교육에서 얻을 수 없는 중요한 교훈을 제공하고 다양한 사고를 할 수 있게 도와준다.

이러한 경험은 아이들의 정신적 발달에 긍정적인 영향을 미친다.

① ㉠   ② ㉡   ③ ㉢   ④ ㉣

염영숙 여사가 가방 안에 파우치가 없다는 걸 알았을 때 기차는 평택 부근을 지나고 있었다. 문제는 어디서 그것을 잃어버렸는지 도무지 기억이 나지 않는다는 것이었다. 파우치를 잃었다는 현실보다 감퇴되는 기억력이 그녀를 더욱 불안하게 만들었다. 어느새 식은땀을 흘리며 그녀는 자신의 지난 행적을 필사적으로 떠올려보았다. … 중략 …

사내가 자신의 왼팔로 감싼 파우치를 오른손으로 집더니 그녀에게 건넸다. 그런데 염 여사가 파우치를 받으려는 순간 사내가 다시 그것을 자기 품으로 회수했다. 놀란 그녀를 꼼꼼하게 살피며 그가 파우치를 열었다.

"뭐 하는 거예요?"

"주인... 맞아요?"

"그럼요. 내가 주인이니까 알고 온 거잖아요. 아까 나랑 통화한 거 기억 안나요?"

터무니없는 그의 의심에 염 여사는 기분이 나빠지려 했다. 사내는 가타부타 말없이 파우치를 뒤져 지갑을 찾았고, 거기서 신분증을 꺼내 살폈다.

42 밑줄 친 부분에 나타난 '염 여사'의 심정으로 가장 알맞은 것을 고르십시오.

① 좌절스럽다 　　　　　　　　② 복잡하다

③ 착잡하다 　　　　　　　　　④ 당황스럽다

43 윗글의 내용으로 알 수 있는 것을 고르십시오.

① 염 여사는 기차를 타고 이동하던 중에 파우치를 잃어버렸다.

② 염 여사는 자신이 어디에서 파우치를 잃어버렸는지 처음부터 알고 있었다.

③ 염 여사의 파우치를 그녀의 남편이 찾아 주었다.

④ 사내는 염 여사의 신분을 확인한 후에 파우치를 돌려주려고 했다.

지역 주민이 스스로 자기 지역의 대표자를 뽑아서 지역의 정치를 담당하도록 하는 것을 지방자치제라 한다. 각 지역마다 처한 상황이나 문제점이 다르기 때문에 정부에서 각 지역의 요구를 모두 처리하기가 어렵다. 그래서 각 지역의 자치단체와 주민이 지역의 일에 스스로 참여하고 해결하는 (   ). 지방자치제는 중앙 정부가 권력을 함부로 사용하는 것을 막을 수 있고 지역 주민이 일상적으로 정치에 참여할 수 있다는 점에서 민주주의를 잘 실현할 수 있는 제도이다. 지방자치제는 지역 주민의 삶에 가까이 붙어 있다는 의미에서 '풀뿌리 민주주의'라고도 불린다.

44 (   )에 들어갈 말로 가장 알맞은 것을 고르십시오.

① 권력을 나누는 것이 필요하다.

② 지방자치제가 필요하다.

③ 중앙집권이 필요하다.

④ 민주화가 필요하다.

45 윗글의 내용으로 알 수 있는 것을 고르십시오.

① 지역 주민이 일상적으로 정치에 참여할 수 있는 지방자치제가 필요하다.

② 지방자치제는 중앙 정부가 권력을 함부로 사용하는 것을 막지 못한다.

③ 지역 주민의 삶에 가까이 붙어있어야 민주주의가 실현된다.

④ 정부는 각 지역의 요구를 모두 처리해야만 한다.

평생 교육이란 나이나 상황에 관계없이 본인이 관심을 가지거나 필요로 하는 분야에 대해 계속 공부하는 것을 말한다. 한국에서는 국가평생 교육진흥원 및 행정복지센터, 도서관 등에서 평생 교육이 실시되고 있다. 지역 주민이 자유롭게 참여할 수 있고 수강료도 비교적 저렴한 편이다. 이러한 다양한 평생 학습 경험은 온라인 학습 계좌에서 누적되어 관리할 수 있는데 이를 학력 인정이나 자격 인정 또는 고용 정보로 활용할 수 있도록 하는 평생 학습 계좌제도 운영되고 있다. 그러나 이러한 정보를 국민 개개인이 모두 알고 있는 것은 아니며, 관련 정보를 접한 사람만 이 평생 교육 시스템을 이용하고 있다는 한계점도 함께 있다. 그러므로 앞으로는 보다 적극적으로 평생 교육 프로그램을 알리고 주민들의 참여를 높이려는 노력이 필요하다.

46 윗글에 나타난 필자의 태도로 가장 알맞은 것을 고르십시오.

① 평생 교육의 한계에 대해 언급하면서 문제점을 비판하고 있다.

② 평생 교육을 널리 알리는 것의 필요성에 대해 피력하고 있다.

③ 평생 교육이 제대로 이루어지지 않는 것에 대해 분개하고 있다.

④ 평생 교육의 구체적인 방향을 제시하고 자신의 의견을 주장하고 있다.

47 윗글의 내용과 같은 것을 고르십시오.

① 평생 교육이란 평생 동안 인정되는 학위를 말한다.

② 한국에서는 평생 교육에 대한 국가적인 지원이 없다.

③ 평생 교육에 대해 국민 모두가 손쉽게 정보를 접할 수 있다.

④ 평생 교육에 지역 주민도 참여가 가능하다.

일반적으로 범죄라고 하면 살인, 강도, 폭행 등 중대한 범죄를 떠올린다. 그러나 사소한 것처럼 보이는 행위라도 남에게 피해를 주거나 공공질서에 맞지 않는 경우에는 제재를 받을 수 있다. 이는 경범죄에 해당한다. 경범죄란 일상생활에서 일어날 수 있는 가벼운 위법 행위를 말한다. 예를 들어 길에 침을 뱉거나 담배꽁초를 버리고, 자기 순서를 기다리지 않고 새치기를 하거나 애완동물과 산책 중에 애완동물의 대변을 치우지 않는 행위들이 이에 해당한다. 경범죄에 해당하는 행위들은 우리가 일상생활에서 위법한 행위라고 생각하지 못했던 부분들에 대한 것도 규정되어 있으므로 평소에 경범죄 처벌법에 (   ). 친구들과 몰려다니면서 몹시 거친 말이나 행동으로 주위를 시끄럽게 해서 불안감을 조성하거나 술에 취해 이유 없이 다른 사람들에게 주정하는 것은 경범죄에 해당한다. 경범죄도 일종의 '범죄행위'이다. 그러므로 경범죄를 저지르지 않도록 주의해야 한다.

48 윗글을 쓴 목적으로 가장 알맞은 것을 고르십시오.

① 경범죄가 적발되지 않는 방법을 알려주기 위해서

② 경범죄의 정의를 알고 법을 지키도록 하기 위해서

③ 경범죄 피해를 사전에 예방하기 위해서

④ 경범죄 처벌법에 대한 구체적인 사례를 제시하기 위해서

49 (   )에 들어갈 내용으로 가장 알맞은 것을 고르십시오.

① 어떤 행위가 속하는지 알아두는 것이 좋다

② 구체적인 조항을 모두 외워두는 것이 좋다

③ 관심을 가지고 대처하는 것이 좋다

④ 경각심을 가지는 것이 좋다

50 윗글의 내용과 같은 것을 고르십시오.

① 일반적으로 범죄 행위에는 중대한 범법 행위만이 해당된다.

② 일상생활에서 가벼운 위법 행위에 대해 사람들은 잘 인식하지 못한다.

③ 강아지의 대변을 치우는 일은 법과 아무런 상관이 없다.

④ 경범죄는 범죄행위의 분류에 속하지 않는다.

MEMO

MEMO

TOPIK II 모의고사 2회분

실전 모의고사

MP3

실전 모의고사
TEST 2

TOPIK II

듣기, 쓰기
(Listening, Writing)

유 의 사 항
Information

1. 시험 시작 지시가 있을 때까지 문제를 풀지 마십시오.

   Do not open the booklet until you are allowed to start.

2. 수험번호와 이름을 정확하게 적어 주십시오.

   Write your name and registration number on the answer sheet.

3. 답안지를 구기거나 훼손하지 마십시오.

   Do not fold the answer sheet; keep in clean.

4. 답안지의 이름, 수험번호 및 정답의 기입은 배부된 펜을 사용하여 주십시오.

   Use the given pen only.

5. 정답은 답안지에 정확하게 표시하여 주십시오.

   Mark your answer accurately and clearly on the answer sheet.

   marking example   ① ● ③ ④

6. 문제를 읽을 때에는 소리가 나지 않도록 하십시오.

   Keep quiet while answering the questions.

7. 질문이 있을 때에는 손을 들고 감독관이 올 때까지 기다려 주십시오.

   When you have any questions, please raise your hand.

※ [1~3] 다음을 듣고 가장 알맞은 그림 또는 그래프를 고르십시오. (각 2점)

01

①

②

③

④

02

①

②

③

④

03

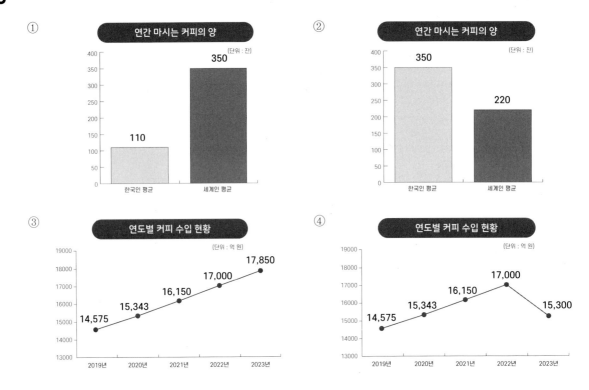

04

① 그럼 우리 편의점에라도 가는 게 어때요?

② 그렇군요. 그럼 같이 줄을 서요.

③ 식당은 저기에 있어요.

④ 그럼 축제가 시작한 뒤에 갑시다.

05

① 결혼식은 언제예요?

② 오랜만에 만났는데 속상했겠어요.

③ 친척들과 연락을 계속하고 있어요?

④ 추석 음식은 많이 먹었어요?

06

① 그럼 수리 센터에 전화하시면 어때요?

② 저도 이번에 마우스를 새로 샀어요.

③ 이번에 새로 나온 제품이 있는데 알려 드릴까요?

④ 마우스 디자인이 너무 예쁘네요.

07

① 다음번에 오실 때는 꼭 연락 주세요.

② 시차 적응을 잘해서 정말 다행이에요.

③ 다음번에 이 식당에 같이 가면 어때요?

④ 저는 오늘 시간을 미리 비워뒀어요.

08

① 그럼 회의할 장소가 필요하겠네요.

② 그럼 지금 바로 같이 가서 진행만 하면 되겠어요.

③ 내일 제가 다른 것들도 가져다 둘게요.

④ 아무래도 장소를 변경해야 할 것 같아요.

※ [9~12] 다음을 듣고 여자가 이어서 할 행동으로 가장 알맞은 것을 고르십시오. (각 2점)

09

① 배달 앱으로 커피를 주문한다.　　② 사람들에게 원하는 메뉴를 묻는다.

③ 커피숍에 가서 커피를 주문한다.　　④ 커피숍 직원에게 영수증을 요청한다.

10

① 전단지를 들고 거리로 나간다.　　② 전단지의 정보를 수정한다.

③ 전단지를 가위로 자른다.　　④ 사람들에게 전단지를 나눠 준다.

11

① 온라인 앱을 연다.　　② 의자를 구매한다.

③ 옷을 판매한다.　　④ 쇼핑몰에 간다.

12

① 전화를 한다.　　② 행사 예약을 취소한다.

③ 새로운 티켓을 구매한다.　　④ 새로운 날짜를 공지한다.

13

① 여자는 한 번도 염색을 해 본 적이 없다.

② 남자는 명동에 있는 미용실을 가 본 적이 있다.

③ 여자는 미용실을 바꾸고 싶어 한다.

④ 남자는 여자의 짧은 머리를 더 선호한다.

14

① 이 콘서트는 13일 동안 진행된다.

② 이 콘서트의 티켓 가격은 무료이다.

③ 콘서트 티켓을 사려면 줄을 서야 한다.

④ 이 그룹은 10월에 마지막 콘서트를 한다.

15

① 현재 세계에서 가장 늙은 국가는 한국이다.

② 2050년 한국은 생산 가능인구 수와 노인 수가 거의 비슷해질 것이다.

③ 일본은 생산 가능인구수가 노인 수보다 적다.

④ 고령화 국가로 갈수록 경제가 성장할 것이다.

16

① 외로움은 지속적으로 살펴봐야 하는 증상이다.

② 영국에는 외로움이 큰 사람에게 상을 주는 제도가 있다.

③ 외로움이 생기면 혼자 있다는 감정이 덜 든다.

④ 외로움은 일시적인 감정이다.

17

① 바쁘게 사는 것이 더욱 보람을 느끼게 한다.

② 쉬는 시간을 가지면 더 효율적으로 일할 수 있게 된다.

③ 마음의 여유를 가지려면 두 사람만 대화해야 한다.

④ 여행을 가는 것이 관계에 도움이 된다.

18

① 신입사원은 야근을 해서라도 열심히 일해야 한다.

② 신입사원은 휴가를 줄이고 업무를 익혀야 한다.

③ 일에 집중하는 것뿐만 아니라 회사의 규칙과 절차를 따르는 것도 중요하다.

④ 회의 준비를 하기 전에 병원에 다녀오는 것이 좋다.

19

① 자존감을 높이기 위해 조기교육이 필요하다.

② 조기교육은 반드시 해야 한다.

③ 언어 교육은 어렸을 때부터 시작해야 효과적이다.

④ 조기교육은 우울증 치료에 도움이 된다.

20

① 정직한 사람들이 좋은 인재가 된다.

② 공기업에서 이 직업윤리에 대한 개념이 더 중요해진다.

③ 직업윤리에 대해서 모르면 부당한 일이 생길 수 있다.

④ 권한과 책임을 많이 가지고 있을수록 직업윤리에 대해서도 잘 안다.

21 남자의 중심 생각으로 가장 알맞은 것을 고르십시오.

　　① 더 나은 사람이 되기 위해서는 내 주변 환경을 살펴볼 필요가 있다.

　　② 천재인 친구 옆에서 생활해야 한다.

　　③ 체스 게임은 똑똑해야 잘할 수 있다.

　　④ 부모의 습관이 아이에게 부정적인 영향을 미친다.

22 들은 내용으로 맞는 것을 고르십시오.

　　① 천재는 태어날 때부터 미리 정해진다.

　　② 천재는 후천적으로 탄생한다.

　　③ 체스 게임은 천재들이 하는 것이다.

　　④ 부모의 습관은 아이들에게 전혀 영향을 미치지 않는다.

23 여자가 무엇을 하고 있는지 고르십시오.

　　① 여자는 새로운 제품을 기획하고 있다.

　　② 여자는 회의에서 제품의 특징을 설명하고 있다.

　　③ 여자는 자신이 구매한 제품의 후기를 이야기하고 있다.

　　④ 여자는 특별 기획된 상품을 홍보하고 있다.

24 들은 내용과 같은 것을 고르십시오.

　　① 이 제품은 반값에 팔고 있다.

　　② 한 박스 안에 세 개의 제품이 들어 있다.

　　③ 이 제품은 이제 막 출시된 제품이다.

　　④ 자기 전에 이 제품을 사용하면 안된다.

25 여자가 무엇을 하고 있는지 고르십시오.

① 여자는 남자를 취재하고 있다.

② 여자는 남자에게 운동 상담을 받고 있다.

③ 여자는 지난 여행에 대한 경험을 공유하고 있다.

④ 여자는 자신의 경험을 실제 사례를 통해 설명하고 있다.

26 들은 내용과 같은 것을 고르십시오.

① 경기 당일 도핑 테스트를 하지 않으면 기록이 인정되지 않는다.

② 다른 나라에서 훈련을 받는 것은 전혀 도움 되지 않는다.

③ 새로운 방식을 시도하기 보다 기존 방식대로 훈련하는 것이 좋다.

④ 매번 같은 사람에게 지도를 받는 것이 무엇보다 중요하다.

27 남자가 말하는 의도로 알맞은 것을 고르십시오.

① 집값 하락에 대비해야 한다.

② 고령화가 심해지는 지역의 집 값 하락을 예방해야 한다.

③ 미래에 대해 정확하게 판단하는 것이 중요하다.

④ 인기 있는 지역의 집을 사야 한다.

28 들은 내용과 같은 것을 고르십시오.

① 금리가 상승하면 대출 이자도 줄어든다.

② 인기가 있는 지역에서 집값이 상승할 수도 있다.

③ 앞으로도 집값은 계속 폭락할 것이다.

④ 인구 감소 문제는 향후 해결될 것이다.

29 여자는 누구인지 고르십시오.

① 어려운 이웃을 돕는 역할을 하는 직원

② 가구원을 조사하는 사람

③ 건설회사에서 일하는 사람

④ 인테리어 전문가

30 들은 내용과 같은 것을 고르십시오.

① 남자는 현재 4명의 다른 가족들과 함께 살고 있다.

② 남자는 화장실이 없는 집에서 살고 있다.

③ 여자는 남자를 돕기 위해서 남자의 상황을 파악하고 있다.

④ 여자는 남자의 집을 새롭게 지어주고 싶어 한다.

31 남자의 중심 생각으로 가장 알맞은 것을 고르십시오.

① 청년들에 대한 정부의 지원 정책은 바람직하다.

② 취업 준비 기간을 오래 가져야 좋은 직장을 구할 수 있다.

③ 청년들은 이미 적극적으로 일자리를 찾고 있다.

④ 요즘 사회는 예전보다 경쟁이 덜하다.

32 남자의 태도로 가장 알맞은 것을 고르십시오.

① 남자는 여자의 말에 동의하면서 새로운 방법을 제안하고 있다.

② 남자는 여자의 말의 반대 의견을 내세우고 있다.

③ 남자는 자신의 의견이 맞다고 일방적으로 주장하고 있다.

④ 남자는 여자의 의견을 일부 인정하면서 염려하는 부분을 말하고 있다.

33 무엇에 대한 내용인지 알맞은 것을 고르십시오.

① 길거리 쓰레기 문제

② 다이어트를 위한 방법

③ 새로운 간식의 열풍 원인과 문제점

④ 당뇨병의 원인

34 들은 내용과 같은 것을 고르십시오.

① 이 간식은 가격이 매우 저렴해서 인기가 많아졌다.

② 이 간식은 과일로만 만든다.

③ 이 간식을 집에서 직접 만들기는 어렵다.

④ 이 간식을 먹으면 당뇨의 위험에 노출될 수 있다.

35 남자는 무엇을 하고 있는지 고르십시오.

① 새로 시행된 제도의 현황을 설명하고 있다.

② 새로운 상품에 대해 홍보하고 있다.

③ 카페의 변천사에 대해 이야기하고 있다.

④ 환경을 지킬 수 있는 방법에 대해 의견을 펼치고 있다.

36 들은 내용과 같은 것을 고르십시오.

① 일회용 컵 회수율은 현재 37%에 불과하다.

② 일회용 컵을 잘 반납하면 보증금을 돌려주는 제도가 시행되었다.

③ 카페에서 일회용 컵을 테이크아웃하면 3,000원을 내야 한다.

④ 이 제도는 예전에는 시행된 적이 전혀 없었다.

37 여자의 중심 생각으로 가장 알맞은 것을 고르십시오.

① 사람들은 무료에는 관심이 없다.

② 돈을 제대로 관리하면 빚이 줄어든다.

③ 자신의 돈을 다른 사람이 관리하게 하면 더 효율적이다.

④ 돈을 신중하게 관리하고 써야 한다.

38 들은 내용과 같은 것을 고르십시오.

① 돈을 일단 잘 벌기만 하면 관리는 어떻게 하든 상관없다.

② 자신의 빚을 빨리 청산하는 것이 좋다.

③ 카드 사용 내역도 꼼꼼하게 확인해야 한다.

④ 매일 아침 통장을 확인하는 것은 별로 도움이 안 된다.

39 이 대화 전의 내용으로 가장 알맞은 것을 고르십시오.

① 남자는 바다에서 미역과 다시마가 자라는 곳에 대해 이야기했다.

② 남자는 기후 위기에 대해 경고했다.

③ 여자는 바다의 사막화에 대해서 설명했다.

④ 여자는 2060년의 우리나라 바다의 상황에 대해 설명했다.

40 들은 내용과 같은 것을 고르십시오.

① 백화현상이란 바다 풀이 사라지는 것을 말한다.

② 바다에 있는 미역이나 다시마 등이 있는 지역을 바다숲이라고 한다.

③ 약 10년 후에 전 세계 바다숲이 모두 사라질 것이다.

④ 산호가 죽을 때 이산화탄소를 만들어 낸다.

41 이 강연의 중심 내용으로 가장 알맞은 것을 고르십시오.

① 신에게 비는 행동은 인류가 생겼을 때부터 시작되었다.

② 우리가 겪고 있는 현상들은 과학으로 모두 증명할 수 있다.

③ 오스트랄로 피테쿠스는 약한 존재였다.

④ 최초의 인류는 신의 존재를 믿었고 급기야 몇몇 과학자들도 신이 있다고 믿게 되었다.

42 들은 내용과 같은 것을 고르십시오.

① 최초의 인류인 오스트랄로 피테쿠스는 사냥을 했다.

② 최초의 인류는 신을 믿지 않았다.

③ 이집트 문명이 발달했을 때도 사람들은 신을 믿었다.

④ 우주는 결국 한 점으로 축소된다.

43 무엇에 대한 내용인지 알맞은 것을 고르십시오.

① 빛의 성질

② 공기의 압축 방법

③ 빛의 탄생 기원

④ 공기의 압축률

44 빛의 응축 현상이 발생하면 어떻게 되는지 가장 알맞은 것을 고르십시오.

① 빛이 가운데로 몰린다.

② 빛이 아주 낮은 온도에서 특별한 현상을 나타낸다.

③ 빛의 압축률이 점점 높아진다.

④ 빛이 고르게 분포된다.

45 들은 내용과 같은 것을 고르십시오.

① 올해 현수막 게시와 관련된 법률이 바뀌었다.

② 정치 현수막은 시청 앞에만 게시할 수 있다.

③ 현수막 때문에 사람들이 앞을 제대로 보지 못하는 경우도 생기고 있다.

④ 현수막을 사용하면 환경을 지킬 수 있다.

46 여자가 말하는 방식으로 알맞은 것을 것을 고르십시오.

① 실제 있었던 사건을 원인과 결과로 나누어 설명하고 있다.

② 최근 이슈가 되고 있는 일에 대한 사람들의 의견을 설명하고 있다.

③ 이 사건이 일어난 배경에 대해서 설명하고 있다.

④ 바뀐 법의 개정 전 내용과 개정 후의 내용을 비교하고 있다.

47 들은 내용과 같은 것을 고르십시오.

① 인공지능 프로필 사진으로 신청한 신분증 재발급 신청은 일부 받아들여지고 있다.

② 하루에 30명 이상이 인공지능 프로필 사진으로 신분증 재발급 신청을 한다.

③ 인공지능 프로필 사진을 사용한 신분증은 범죄에 이용될 수도 있다.

④ 신분증 신청 시 연예인 프로필 사진을 대신 제출하는 경우가 있다.

48 남자가 말하는 방식으로 알맞은 것을 것을 고르십시오.

① 최근에 이슈가 되고 있는 문제에 대해 실제 사례를 들어 설명하고 있다.

② 법 개정이 되어야 한다고 주장하고 있다.

③ 구체적인 수치를 들어 사람들에게 공포심을 조장하고 있다.

④ 새로운 기술에 대해 언급하면서 개선 방안을 제시하고 있다.

49 들은 내용과 같은 것을 고르십시오.

   ① 화폐는 2천 년 역사를 가지고 있다.

   ② 건축물이 그려진 돈은 사람이 그려진 돈보다 적다.

   ③ 독립전쟁을 한 나라들의 돈에는 그 나라 건축물이 그려져 있다.

   ④ 돈을 통해 그 사회가 추구하는 것이 무엇인지 알 수 있다.

50 여자가 말하는 방식으로 알맞은 것을 것을 고르십시오.

   ① 화폐의 특징에 대해서 설명하고 나라별로 다른 화폐 디자인을 설명하고 있다.

   ② 화폐의 가치를 나라별로 비교하고 있다.

   ③ 화폐를 만드는 과정에 대해서 설명하고 있다.

   ④ 화폐의 역사를 시간 순서대로 나열하고 있다.

※ [51~52] 다음을 글의 ㉠과 ㉡에 알맞은 말을 각각 쓰시오. (각 10점)

51

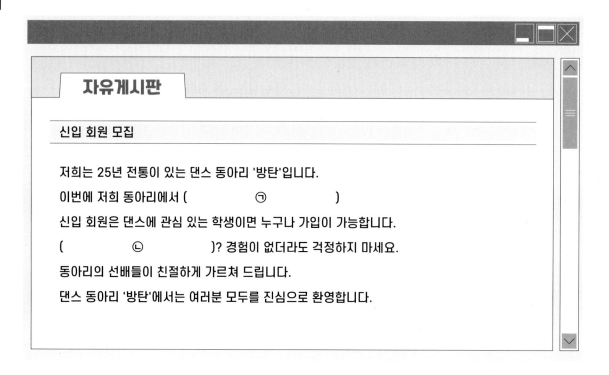

자유게시판

신입 회원 모집

저희는 25년 전통이 있는 댄스 동아리 '방탄'입니다.

이번에 저희 동아리에서 (㉠   )

신입 회원은 댄스에 관심 있는 학생이면 누구나 가입이 가능합니다.

(㉡   )? 경험이 없더라도 걱정하지 마세요.

동아리의 선배들이 친절하게 가르쳐 드립니다.

댄스 동아리 '방탄'에서는 여러분 모두를 진심으로 환영합니다.

52

　　현대인들 중에 비만인 사람들이 늘어나고 있다. 운동 부족과 불규칙한 식습관이 바로 그 이유이다. 그래서 비만과 관련된 상품이 (㉠   ). 이렇게 인기 있는 상품 중에 효과가 있는 것도 있지만 그렇지 않은 것도 있다. 그렇기 때문에 (㉡   ). 반대로 안전하지 않은 상품으로 다이어트를 하면 건강을 해칠 수도 있기 때문에 건강을 위해서 올바른 상품으로 다이어트를 해야 한다.

53 다음은 '독거노인 비율과 독거노인이 겪는 문제점'에 대한 자료이다. 이 내용을 200~300자의 글로 쓰시오. 단, 글의 제목은 쓰지 마시오. (30점)

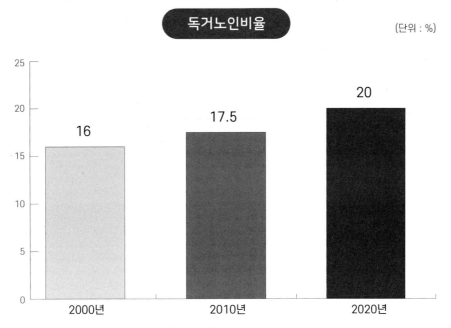

독거노인비율

(단위 : %)

* 독거노인비율 = (65세 이상 1인 가구수 / 65세 이상 인구) * 100

[독거노인이 겪는 문제점]
1. 가족으로부터 경제적인 지원을 받을 수 없다.
2. 다양한 만성질환에 시달려 신체적으로 기본적인 일상생활을 하기 어렵다.
3. 함께 사는 가족이 없기 때문에 외로움을 느끼는 등 정신건강도 취약하다.

54 다음을 참고하여 600~700자로 글을 쓰시오. 단, 문제를 그대로 옮겨 쓰지 마시오. (50점)

요즘 기후가 심각하게 변화하면서 이상 기후에 대해 경고하는 전문가들도 늘어났다. 대부분의 과학자들은 99%의 확률로 '남은 인생에서 올해가 가장 시원할 것이다.'라고 회상하게 될 거라고 한다. 이로써 지구 온난화의 시대가 아니라 지구 열탕화의 시대가 왔다고 한다.

1. 그동안 지구 온난화에 대해 사람들이 해왔던 노력은 무엇인가?
2. 그럼에도 불구하고 여전히 해결되지 않은 문제점은 무엇인가?
3. 앞으로 심각한 기후 변화로 인한 피해를 해결하기 위해서 어떤 노력을 해야 하는가?

* 원고지 쓰기의 예

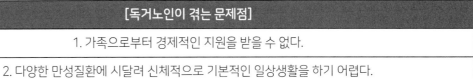

	식	물	은		다	양	한		방	법	으	로		자	신	을		보	호
한	다	.		덩	굴	성		야	자	나	무	는		빈		줄	기	를		개

제1교시 듣기, 쓰기 시험이 끝났습니다. 제2교시는 읽기 시험입니다.

실전 모의고사
TEST 2

TOPIK II

읽기
(Reading)

수험번호(Registration No.)		
이 름 (Name)	한국어(Korean)	
	영 어(English)	

유 의 사 항
Information

1. 시험 시작 지시가 있을 때까지 문제를 풀지 마십시오.
   Do not open the booklet until you are allowed to start.

2. 수험번호와 이름을 정확하게 적어 주십시오.
   Write your name and registration number on the answer sheet.

3. 답안지를 구기거나 훼손하지 마십시오.
   Do not fold the answer sheet; keep in clean.

4. 답안지의 이름, 수험번호 및 정답의 기입은 배부된 펜을 사용하여 주십시오.
   Use the given pen only.

5. 정답은 답안지에 정확하게 표시하여 주십시오.
   Mark your answer accurately and clearly on the answer sheet.

   marking example   ① ● ③ ④

6. 문제를 읽을 때에는 소리가 나지 않도록 하십시오.
   Keep quiet while answering the questions.

7. 질문이 있을 때에는 손을 들고 감독관이 올 때까지 기다려 주십시오.
   When you have any questions, please raise your hand.

※ [1~2] (   )에 들어갈 말로 가장 알맞은 것을 고르십시오. (각 2점)

01 식사를 다 (   ) 커피를 마시러 가요. (2점)

① 했으면   ② 하거나

③ 하려고   ④ 하고 싶은데

02 머리가 너무 길어서 (   ). (2점)

① 다듬을지도 몰라요   ② 다듬을 텐데요

③ 다듬을 거예요   ④ 다듬을 걸 그랬어요

※ [3~4] 밑줄 친 부분과 의미가 가장 비슷한 것을 고르십시오. (각 2점)

03 이번 콘서트는 <u>재미있었지만</u> 사람이 너무 많았다. (2점)

① 재미있었고   ② 재미있었는데

③ 재미있는 만큼   ④ 재미있거든

04 비가 오는 걸 보니 장마가 <u>시작됐나 보다</u>. (2점)

① 된 것 같다   ② 된 것이 틀림없다

③ 될 수 없다   ④ 된 것이나 다름없다

05

안 입은 것처럼 편안하게!
깊은 숙면을 취하세요.

① 잠옷   ② 베개   ③ 수건   ④ 코트

06

건강한 아침을 위한 1시간!

매일 아침 7시, 월 3만 원으로
여러분의 몸의 건강과 마음의 안정을 책임집니다.

① 헬스장   ② 건강식품   ③ 샐러드   ④ 요가 강좌

07

시력 보호와 자외선 차단을 한 번에!
영화배우처럼 올여름을 준비하세요.

① 안경   ② 모자   ③ 선글라스   ④ 화장품

08

추가 헹굼 제로!

추가 헹굼 없이도
내 옷에 잔여물 걱정 없이 한 번에 싹.

① 세탁기   ② 샴푸   ③ 설거지   ④ 세탁 세제

09

① 이 행사는 올해 처음 열리는 행사이다.

② 불꽃쇼는 저녁 6시 30분부터 시작한다.

③ 사전에 신청한 사람만 축제에 참석할 수 있다.

④ 불꽃축제는 바다 근처에서 진행된다.

10

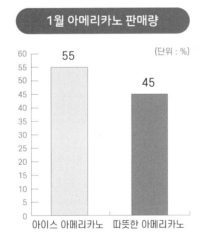

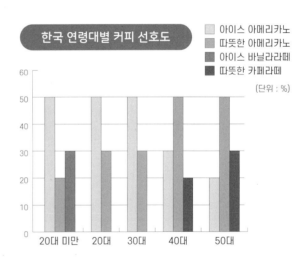

① 1월에는 따뜻한 커피가 차가운 커피보다 더 많이 팔린다.

② 한국 사람들은 겨울에는 보통 따뜻한 커피를 마신다.

③ 10대부터 40대까지 모두 차가운 커피를 선호한다.

④ 한국 사람들은 아메리카노를 선호한다.

11 (2점)

> 오는 18일에 한국 홈쇼핑에서 모바일 라이브 방송을 통해 지역 경제 살리기 현장 라이브를 시작한다고 했다. 18일 오후 12시 강원도 삼척 중앙시장에서 판로를 지원하기 위한 방송을 진행하는 것이다. 이 모바일 라이브 방송은 공익사업의 일환으로 삼척시와 함께 지역 경제 활성화를 위해 마련되었다. 삼척 중앙시장 내 판매되고 있는 다양한 삼척 특산물을 소개할 예정이다. 이날 소개하게 될 특산품은 '간편조리식 미역국'이다. 물살이 세고 깨끗한 동해바다에서 자란 '삼척시장 미역'과 함께 분말수프, 참기름 등으로 구성돼 간편하게 미역국을 끓일 수 있다. 한국 홈쇼핑 관계자는 이 행사를 통해 지역경제 살리기에 일조할 수 있으면 좋겠다고 말했다.

① 한국 홈쇼핑에서 전국 특산품을 판매하는 행사를 기획했다.

② 이번 행사는 지역사회의 경제에 일조할 수 있는 행사이다.

③ 이번 행사는 백화점에서 진행된다.

④ 간편조리식 미역국을 홍보하기 위해 방송국 안에서 촬영이 진행된다.

12 (2점)

> 최근 날씨가 갑자기 쌀쌀해지면서 길거리 간식이 동절기 식품으로 변화하는 분위기다. 소비자들의 반응을 빠르게 파악한 편의점들 또한 벌써 호빵과 햇고구마 등 동절기 식품을 선보이고 있다. 아침과 저녁으로 큰 폭으로 기온이 떨어지는 만큼 일찍 겨울 상품을 출시해서 수요를 잡겠다는 것이다. 한 편의점 업체에 따르면 이달 초 기준으로 겨울 간식인 호빵 매출이 직전 주 대비 42.8% 늘었다. 이 추세에 맞춰 이 편의점은 캐릭터 기업과 협업해 만든 이색 호빵을 출시했다. 또한 이 편의점에서는 군고구마도 40.8%의 매출 증가세를 보였다. 다양한 지자체와 협약을 통해 9월초부터 올해 수확한 햇고구마로 군고구마를 운영 중이다.

① 기온의 변화는 사람들이 먹는 음식에 아무런 영향을 미치지 못한다.

② 날씨가 추워지면 겨울 간식이 인기를 끈다.

③ 호빵과 군고구마는 편의점에서 볼 수 없는 음식이다.

④ 지난해와 달리 올해는 군고구마에 대한 수요가 감소했다.

13 (2점)

> (가) 이러한 '발달장애인 음악 축제'는 발달장애인의 음악적 재능을 발굴하기 위한 축제이다.
> (나) 최근 한 국내 대기업이 후원하는 '발달장애인 음악 축제'가 큰 화제가 되고 있다.
> (다) 또한 2017년 국내에서 처음 개최된 후 이번 해외 공연으로 7회차를 맞이했다.
> (라) 그 이유는 이 축제를 국내뿐만 아니라 해외에서도 처음 선보였기 때문이다.

① (나)-(가)-(라)-(다)　　　② (가)-(라)-(나)-(다)
③ (나)-(라)-(다)-(가)　　　④ (가)-(나)-(라)-(다)

14 (2점)

> (가) 그러나 이렇게 많은 신경세포를 가진 해파리에는 정작 뇌가 없다.
> (나) 하지만 다른 해양 생물처럼 자연스럽게 바닷속을 헤엄쳐 다니며 먹이를 사냥할 수 있다.
> (다) 몸속이 투명하게 비치는 해파리에는 1000개의 신경세포가 있다고 한다.
> (라) 이 같은 행동은 해파리가 같은 환경을 반복해서 경험하면서 장애물을 피하는 것에 익숙해졌기 때문이다.

① (라)-(가)-(다)-(나)　　　② (다)-(나)-(가)-(라)
③ (라)-(다)-(나)-(가)　　　④ (다)-(가)-(나)-(라)

15 (2점)

> (가) 순환경제란 물건을 한 번 쓰고 버리는 게 아니라 계속해서 사용하는 것을 말한다.
> (나) 또한 10년 뒤에는 전 세계적으로 순환경제를 통해 엄청난 경제적 가치를 만들어낼 수 있다고 한다.
> (다) 이것을 막기 위해 순환경제를 통해 탄소 배출량을 줄여 환경을 지켜야 한다.
> (라) 그 동안은 물건을 버릴 때 탄소 배출량이 늘어나는 것이 문제가 되어 왔다.

① (가)-(라)-(다)-(나)　　　② (라)-(가)-(다)-(나)
③ (가)-(라)-(나)-(다)　　　④ (라)-(나)-(가)-(다)

16 (2점)

　　상대방과 좋은 관계를 가지기 위해서 무엇보다 어떻게 말하는 지가 정말 중요하다. 특별히 (　　　　　) 관계를 더 좋게 만들 수 있다. 상대방의 좋은 점을 이야기할 때는 상대방의 장점을 한 마디로 정리해서 표현하면 귀에 더 잘 들어온다. 또한 상대방의 긍정적인 면을 칭찬하는 것이 좋다. 그리고 때로는 말을 많이 하는 것보다 상대방의 이야기를 들으면서 침묵을 지키는 시간도 필요하다.

① 상대방의 좋은 점을 칭찬하는 것은　　　　② 상대방이 하는 일을 인정하는 것은

③ 상대방에게 선물을 하는 것은　　　　　　④ 상대방의 외모에 대해 이야기하는 것은

17 (2점)

　　한글이라는 이름을 지은 사람은 국어학자 주시경 선생이었다. 주시경 선생은 1913년 한글이라는 단어를 만들었다. 그전에는 한글을 배달말글이라고 불렀다. 그러다 우리나라 글이란 뜻의 한나라글로 사용하다가 이를 줄여서 한글이라고 부르게 된 것이다. 이후에 하나, 크다는 의미가 더해졌다. 이 의미가 더해져 (　　　　　　　)라는 뜻이 되었고 1927년 한글사에서 펴낸 '한글'이라는 잡지로 한글이라는 말을 더 많이 사용하게 되었다.

① 한국 사람이 쓰는 글자　　　　　　② 한나라에서 넘어온 글자

③ 바른 소리가 나는 글자　　　　　　④ 훌륭한 우리나라 글을 적는 글자

18 (2점)

　　미국의 한 신문에 따르면 충분한 수면, 운동, 건강한 식단 섭취와 같은 습관이 질병을 예방하고 오래 사는 데 도움이 될 수 있지만 90세 이후에는 (　　　　　　　) 연구 결과가 나왔다. 물론 좋은 생활 습관만으로도 건강을 유지할 수 있지만 90세가 넘은 후부터는 이것만으로 건강을 유지하기가 어렵다는 것이다. 특별히 연구자들은 치매를 예방하는 데 도움이 되는 것으로 알려진 유전자가 장수와 관련이 된다고 말했다.

① 사회관계가 중요하다는　　　　　　② 어떤 음식을 먹는지가 중요하다는

③ 운동이 많은 영향을 미친다는　　　　④ 유전자가 중요한 역할을 한다는

건강한 다이어트를 하기 위해서 다음의 세 가지를 기억해야 한다. 첫째, 나에게 맞는 운동을 찾는 것이다. 개인의 성향에 따라 건강 상태에 따라 맞는 운동이 다를 수 있다. 둘째, 습관을 돌아봐야 한다. 자신의 하루를 기록하고 생활 습관 중 고쳐야 할 것이 있는지 확인한다. 셋째, 물을 (   ) 마셔야 한다. 물을 마시면 피부에 수분을 공급하고 몸에 있는 나쁜 물질을 내보내는 데 도움이 된다. 이러한 생활 습관을 유지하면서 다이어트를 해야 건강한 몸 상태를 지킬 수 있다.

19 (   )에 들어갈 알맞은 것을 고르십시오. (2점)

① 조금만   ② 항상

③ 충분히   ④ 급히

20 윗글의 주제로 가장 알맞은 것을 고르십시오. (2점)

① 다이어트를 할 때는 무조건 물만 많이 마시면 된다.

② 다이어트를 위해서 지켜야 하는 원칙이 있다.

③ 피부에 수분을 공급하려면 물은 조금만 마시는 것이 좋다.

④ 생활 습관은 다이어트와 아무런 관련이 없다.

조기유학을 하게 되면 어린 나이에 다른 나라에 가서 살면서 그 나라 언어를 쉽게 배울 수 있다는 장점이 있다. 그 나라 언어를 쓰는 환경에 노출이 되면 언어를 습득하는 데 큰 도움이 된다. 또한 한국과 다른 교육 방식을 접하면서 다양한 문화와 배경을 가진 사람들과 소통할 수 있다. 반면에 이러한 조기유학에는 단점도 있다. 어린 나이에 조기유학을 가면서 가족과 떨어져 지내기 때문에 정서적으로 불안함을 더 자주 느낄 수 있다. 언어와 문화가 다른 낯선 타지에서 새롭게 적응하는 것이 아이의 성향에 따라 어렵게 느껴질 수도 있다. 그렇기 때문에 아이의 성향과 (   ) 어떤 것을 우선순위에 두어야 하는지 신중하게 고려한 뒤에 조기유학을 선택하는 것이 현명하다.

21 ( )에 들어갈 알맞은 것을 고르십시오. (2점)

① 배우고 싶은 언어에 따라　　　　② 교육의 목적에 따라

③ 살고 싶은 장소에 따라　　　　　④ 인기 있는 국가에 따라

22 윗글의 내용과 같은 것을 고르십시오. (2점)

① 조기유학을 통해 새로운 언어를 쉽게 배울 수도 있다.

② 그 나라 언어를 쓰는 환경에 있지 않아도 언어는 쉽게 배울 수 있다.

③ 조기유학에는 장점보다 단점이 훨씬 많다.

④ 아이의 성향은 조기유학을 결정하는데 중요한 요소가 아니다.

10년 전의 나는 대학교에서 학사 경고를 세 번이나 받아서 제적되었다. 또 자신감도 없었고 이뤄 놓은 것이 없어 늘 고개를 숙이고 다녔다. 10년 전의 나는 부모님의 속을 썩이기 일쑤였고 그로 인해 아버지의 건강이 많이 악화되었다. <u>그때 나는 한 겨울에 가스 요금을 낼 돈조차 없어 양말을 네 겹이나 신고 덜덜 떨며 잠들었다.</u> 그러나 지금의 나는 그때와는 180도로 달라졌다. 오늘의 나는 법인 기업 대표로서 똑똑하고 일 잘하는 직원들에게 밝은 인사를 받으며 하루를 시작한다. 그리고 요즘 나는 사업과 성공을 주제로 많은 청중들 앞에서 강연을 한다. 10년 전의 나와 지금의 나는 똑같은 사람이지만 사고방식이나 생활 습관 그리고 인간 관계 등 많은 부분에서 달라졌다. 예전의 나에서 지금의 나로 변화되기까지 엄청난 노력과 끊임없는 시도와 실패를 통해 지금 나는 누구보다 행복한 삶을 사는 사람이 되었다.

23 밑줄 친 부분에 나타난 '나'의 심정으로 가장 알맞은 것을 고르십시오.

① 답답하다

② 벅차다

③ 흥미롭다

④ 비참하다

24 윗글의 내용과 같은 것을 고르십시오.

① 나는 10년 전에 학업을 지속할 수 없었다.

② 예전부터 나는 자신감이 넘치는 사람이었다.

③ 여전히 나는 경제적으로 어려운 상황을 극복하지 못했다.

④ 내 회사에는 직원이 단 한 명뿐이다.

※ [25~27] 다음 신문 기사의 제목을 가장 잘 설명한 것을 고르십시오. (각 2점)

25

> 체육 사라진 학교, 운동도 학원 사교육

① 앞으로 더 이상 학교에서 체육 과목을 배우지 않아도 괜찮다.

② 대학 입학을 준비하는 고등학생들을 대상으로 체육이라는 교과목이 사라진다.

③ 학교에서 체육 과목의 중요성이 떨어지면서 학원에서 따로 운동을 배우지 않으면 안 된다.

④ 체육 성적을 잘 받기 위해 사교육은 필수다.

26

> 치매 환자 100만 시대, 경증 유병자 생활비 맞춤 보장 눈길

① 치매 환자가 100만 명이 될 때까지 생활비 맞춤 지원 혜택은 없다.

② 치매 환자가 급격하게 늘어나면서 더 많은 환자들이 생활비를 지원받을 수 있다.

③ 치매 환자를 줄이기 위해서는 생활비 지원이 필수다.

④ 치매 환자가 많아지면서 가벼운 증상의 환자들은 눈총을 받고 있다.

27

> "있어도 못 써요." '지방 소멸 대응기금' 집행 저조

① 수도권이 아닌 지역에서 지역을 살리기 위해 편성된 예산을 사용하는 것이 매우 복잡하다.

② 지방을 살리기 위해서 기부 행사를 벌였는데 모금이 저조했다.

③ 지방을 위해 계획된 예산을 정부에서 쓰지 말라는 새로운 정책이 생겼다.

④ 지방이 사라질 위기에 놓였으나 해결책을 찾지 못해 예산이 사용되지 않고 있다.

※ [28~31] (   )에 들어갈 말로 가장 알맞은 것을 고르십시오.(각 2점)

28

그동안 일회용품 사용에 대한 사람들의 부정적인 의견과 목소리가 꾸준히 나오고 있었다. 그 후에 지속 가능한 발전과 환경 보호를 위해 작년부터 본격적으로 정부에서 일회용품 사용에 대한 규제를 강화하기 시작했다. 매장 내에서 일회용 컵 사용을 제한하고, 카페에서는 플라스틱 빨대 대신 종이 빨대를 사용하도록 권장했다. 친환경 종이 포장을 사용하거나 일회용품에 추가금을 받는 등 (   ) 움직임들이 이어졌다.

① 일회용품 사용을 자제하기 위한

② 친환경 운동을 알리기 위한

③ 일회용품을 재사용하기 위한

④ 다회용품 사용을 권장하기 위한

29

이순신 장군은 조선 시대에 살아남은 가장 훌륭한 해군 장군 중 하나로 꼽힌다. 이순신 장군은 임진왜란 당시 강화도 해전에서 일본의 강력한 공격을 물리치며 명예를 얻었고 거북선이라고 불리는 (   ) 한국 해군의 역사를 바꾸었다. 이순신 장군은 용감한 지도자로서, 그의 업적은 한국 역사에서 빼놓을 수 없는 중요한 부분을 차지하고 있다.

① 조선 왕조가 지원해 준 군함으로

② 거북이를 활용한 무기를 만들어

③ 적의 공격을 막는 옷을 만들어

④ 혁신적인 전투선을 개발하여

30

 문화는 다양한 방식으로 전파된다. 영화나 음악, 책이나 인터넷을 통한 콘텐츠 공유도 또한 문화의 일부가 되고 있으며, 특별히 사회의 다양한 매체들이 문화 현상을 확산시키는 데 큰 역할을 한다. 이렇게 생성된 문화를 교환하는 국제 교류는 (   ) 중요한 역할을 한다. 이러한 다양한 방식을 통해 문화 간 상호작용이 일어나고 전 세계적으로 공유될 수 있는 것이다.

① 문화가 다양한 방식으로 성장하는 데

② 문화가 빠르게 성장하는 데

③ 문화가 국경을 넘어 전파되는 데

④ 다양한 문화가 만들어지는 데

31

 옛날의 사람들의 위생 관념은 상대적으로 단순했다. 주로 개인위생 및 환경 위생에 대한 것이 전부였는데 예를 들면 손 씻기, 음식 조리 방법, 화장실 사용 등에 대한 단순한 지침만 있었다. 그러나 최근의 위생 관념은 높은 수준의 의학적 지식과 과학적 연구를 바탕으로 손 씻기뿐만 아니라 마스크 착용과 더불어 감염 예방과 공공장소 청결 유지 등을 강조한다. 특히 전염병 예방을 위한 백신은 (   ) 중요한 역할을 하고 있다.

① 사람들이 건강 검진을 받을 수 있게

② 사람들의 위생 수준을 향상시키는 데

③ 사람들의 체력 증진을 위해서

④ 깨끗한 환경을 유지하는 데

32

> 포화 상태라고 여겨졌던 편의점의 매출이 최근 다시 성장하고 있다. 고물가 상승에 부담을 느낀 소비자들이 상대적으로 저렴한 편의점으로 몰리고 있는 것이다. 한국 대표 편의점 업체에서 3분기 도시락 매출은 20%나 성장했고 편의점 점포 수를 늘리는 계획도 하고 있다. 단순히 매출을 비교하는 것만으로 이용이 더 많아졌다고 보긴 어렵겠지만, 치솟는 물가 때문에 상대적으로 저렴한 식사를 찾는 사람들이 늘어났다는 데에는 의심의 여지가 없다. 점점 사람들 사이에서 소비 트렌드가 변화하고 있는 것이다.

① 최근의 편의점 매출은 현저히 줄어들었다.

② 편의점 점포 수가 줄어든 이유는 물가 상승 때문이다.

③ 사람들의 소비 트렌드 변화로 편의점 매출이 대폭 증가했다.

④ 편의점에서 판매되는 도시락의 가격이 상승하고 있다.

33

> 한국의 정식 명칭은 대한민국이다. 대한민국 헌법 제1조 1항에 보면 '대한민국은 민주공화국이다.'라고 명시되어 있다. 이는 민주주의를 기반으로 하는 공화국이라는 의미를 담고 있다. 민주주의란, 국가의 주권이 국민에게 있고 국민을 위한 정치를 행하는 제도 또는 사상을 의미한다. 곧 국민이 국가의 주인이 된다는 뜻이다. 민주주의를 뜻하는 영어 단어는 그리스어에서 유래되었는데, 국민과 지배라는 두 단어가 합쳐진 것으로 '국민의 지배'라는 뜻이다. 또한 공화국이란 국민이 직접 또는 간접 선거에 의해 일정한 임기를 가진 국가 원수를 뽑는 국가 형태를 말한다.

① 민주주의란 국민과 정치라는 단어가 합쳐진 것이다.

② 한국은 헌법에 따라 대통령을 선출한다.

③ 한국의 정식 명칭은 민주주의 공화국이다.

④ 대한민국은 국민이 주권을 가진 민주공화국이다.

34

인공지능은 다양한 영역에서 은행에 혁신적인 영향을 미칠 것으로 예상되고 있다. 먼저 인공지능을 기반으로 연중무휴 24시간 동안 고객 지원을 제공하여 고객 만족도를 향상시킬 수 있다. 또한 인공지능을 통해 고객 데이터를 분석하여 맞춤형 상품과 투자 전략을 제공한다. 게다가 인공지능을 통해서 비정상적인 거래를 식별할 수 있고 개인의 신용도 평가도 더욱 신속하게 처리할 수 있다. 기존에 하고 있던 일상적이고 수동적인 업무들을 자동화하는 데에도 도움이 된다. 이를 통해 운영 효율성을 개선하고 오류를 줄이며 인적 자원을 효율적으로 사용할 수 있게 된다.

① 인공지능은 고객 지원을 탁월하게 하지만 24시간 운영되지는 않는다.

② 인공지능을 통해 고객들은 매일 원하는 때에 지원을 받을 수 있다.

③ 인공지능을 통해 비정상적인 거래를 구별하기는 힘들다.

④ 주기적이고 단순하게 반복되는 업무들은 여전히 사람의 몫이다.

35

제한된 장소 출입 시 암호를 입력하는 대신 홍채나 얼굴 인식으로 본인을 인증할 수 있는 기술은 이제 실생활에서 흔히 사용되는 기술이 되었다. 이로 인해 발생할 수 있는 문제점들에 대한 대책 마련도 시급하다. 최근 실리콘 인공 지문, 인공지능 얼굴과 홍채 사진처럼 위조된 생체 인식 정보를 이용한 해킹 사례가 지속적으로 발생하고 있다. 그래서 위조 및 변조를 탐지할 수 있는 기술을 적용하고 해킹 방지를 위한 대책도 마련되어야 한다. 또한 이용자가 자신의 생체 인식 정보를 통제할 수 있는 수단을 마련해서 보다 손쉽게 관리할 수 있게 해야 한다.

① 홍채나 얼굴 인식으로 인증하는 기술은 아직 개발 중이다.

② 생체 인식 정보를 이용한 해킹 사례는 전혀 없다.

③ 생체 인식 정보를 이용한 해킹 사례가 발생하고 있으므로 대책이 필요하다.

④ 생체 인식 정보를 위조하거나 변조하는 것은 사실상 불가능하다.

36

최근 한국의 출판산업은 팬데믹의 영향을 덜 받았다. 오프라인 서점의 판매율은 현저히 떨어졌지만, 온라인 서점의 판매율이 급격하게 올라가면서 특수를 누린 출판사가 있기 때문이다. 팬데믹의 여파가 줄어들었지만 여전히 온라인 서점 판매율이 오프라인 서점 판매율을 뛰어넘고 있다. 그러나 전체적으로 보면 출판 산업 시장은 점점 어려워지고 있다. 책을 읽는 독자 수가 전체적으로 줄었고 다양한 형태로 정보를 쉽게 얻을 수 있는 지금 같은 시대에 책의 힘을 예전처럼 유지하기란 쉽지 않은 일이다.

① 팬데믹의 영향으로 모든 출판사가 어려움을 겪었다.

② 온라인 서점 판매율이 오프라인 서점을 앞서고 있지만 출판산업은 어려워지고 있다.

③ 팬데믹으로 인해 출판산업은 큰 타격을 입었지만 빠른 속도로 회복하고 있다.

④ 현재 출판 산업 시장은 매주 번창하고 있으며 독자 수도 증가하고 있다.

37

일반적으로 사람들은 과일을 마음껏 먹어도 괜찮다고 알고 있다. 과일 섭취를 충분히 해야 건강에 좋다는 이야기도 있다. 그러나 진화적인 관점에서 보면 오늘날 재배되는 당분이 많은 과일은 몸의 신진대사를 교란시킨다고 한다. 당분이 많은 과일 섭취가 필요한 경우는 지방을 축적해서 겨울에 생존할 수 있도록 도울 때뿐이다. 그러나 오늘날 우리는 365일 내내 당분 함량이 높은 과일을 먹으면서 사실상 혹독한 겨울을 날마다 대비하고 있는 것과 같다. 이런 과당은 다량 섭취하면 흡수가 잘되지 않으며 과당이 장에 오래 머물러 있으면 우울증과 불안 같은 증상을 유발하기도 한다.

① 과일을 섭취하는 것은 건강에 도움이 된다.

② 오늘날 재배되는 과일은 몸의 신진대사를 교란시키지 않는다.

③ 과일은 지방을 축적해서 몸을 따뜻하게 하기 때문에 매일 먹는 것이 좋다.

④ 당분이 많은 과일을 먹으면 우울증과 불안을 유발할 수 있다.

38

> 길을 가다 보면 눈에 띄지 않을만한 사각지대에 쓰레기들이 유독 많이 버려져 있는 것을 볼 수 있다. 남의 눈에 띄지 않을만한 공간에 쓰레기가 쌓일 확률이 더 높은데 전문가들은 이렇게 다른 사람들이 하는 행동을 똑같이 따라 하게 되는 현상을 사회적 동조라고 했다. 던져진 쓰레기를 본 순간 나도 모르게 다른 쓰레기를 그 장소에 버리는 행동을 하게 된다는 것이다. 깨진 유리창 이론도 이런 심리를 꿰뚫는다. 창문이 깨진 채로 건물이 방치되면 이내 더 많은 유리창이 깨지고 쓰레기가 쌓이며 범죄의 온상이 될 수 있다는 이론이다. 그 이유 때문에 미국 뉴욕시에서는 뉴욕 지하철의 환경 관리에 꾸준히 집중해 범죄율을 낮춘 사례도 있었다고 한다.

① 사회적 동조 현상으로 인해 더러워진 공간이 더 더러워질 수도 있다.

② 미국 뉴욕의 지하철역에서 최근 범죄율이 급증하고 있다.

③ 공공장소에 쓰레기를 버리기가 쉬워서 그만큼 더 쉽게 더러워진다.

④ 지하철 청소와 환경 관리를 통해 사회 전체의 범죄율을 낮출 수 있다.

39

> 환경 문제는 현대 사회에서 중요한 이슈 중 하나로 부각되고 있다. (㉠) 이 문제에 대한 사람들의 인식을 더 많이 증진시키기 위해 다양한 캠페인과 교육 프로그램도 진행되고 있다. (㉡) 또한 기업과 정부는 환경을 보호하고 지속 가능한 방식으로 사회를 운영할 수 있도록 노력하고 있다. (㉢) 예를 들어 커피숍에서 종이 빨대를 사용하는 규정을 만든다든지 기업에서 환경을 보호하려는 노력의 일환으로 직원들끼리 환경 보호를 위한 봉사활동에 참여하는 등의 이러한 노력은 지구 환경을 개선하기 위해 중요한 단계가 된다.

> 이러한 활동은 사람들에게 환경 보호의 중요성을 가르치며 환경친화적인 습관을 촉진한다.

① ㉠　　　　　② ㉡　　　　　③ ㉢　　　　　④ ㉣

40

한국은 동쪽, 서쪽, 남쪽 이렇게 삼면이 바다와 맞닿아 있어 다양한 해안 지형을 볼 수 있다. (㉠) 동해안은 해안선이 단순하며 섬이 거의 없다. (㉡) 또한, 수심이 깊고 모래사장이 발달해 있다. (㉢) 반면 서해안과 남해안은 해안선이 복잡하고 섬이 많다. (㉣) 특히 서해안의 갯벌은 미국 동부의 조지아 연안, 캐나다 동부 연안, 브라질의 아마존 유역 연안, 유럽의 북해 연안과 함께 세계 5대 갯벌에 속한다.

또한, 수심이 얕고 밀물일 때와 썰물일 때의 차이가 커서 갯벌이 발달해 있다.

① ㉠　　　　　② ㉡　　　　　③ ㉢　　　　　④ ㉣

41

1592년 일본이 조선을 침략한 사건을 임진왜란이라고 한다. (㉠) 1936년에는 중국의 청나라가 조선을 침략한 병자호란이 일어났다. (㉡) 두 차례의 큰 전쟁으로 농토가 망가졌고 백성들의 삶도 힘들어졌다. (㉢) 조선의 왕이었던 영조와 정조는 이러한 위기를 극복하기 위해 노력하였다. (㉣) 또한 다른 나라로부터 조선에 필요한 것을 받아들여야 한다고 주장하는 학자들과 함께 학문 발전에도 기여하였다.

우선 세금을 줄여 주어 백성의 생활을 안정시켰고 농업뿐 아니라 상업, 공업 등 백성이 필요로 하는 분야를 발전시켰다.

① ㉠　　　　　② ㉡　　　　　③ ㉢　　　　　④ ㉣

"여보, 수진이 괜찮아진 거 맞겠지?"

수진이 눈 감은 것을 확인하고 안방으로 들어온 정아가 침대에 기댄 채 상혁에게 물었다. 어딘지 모르게 불안한 듯 초조해 보이는 아내의 모습에 상혁은 옅은 미소로 말했다.

"그래, 우리도 수진이도 많이 노력했잖아. 이제 다 괜찮아질 거야."

하루 종일 운전하느라 반쯤 잠긴 목소리였지만 그래도 온기는 남아 있었다.

오늘은 딸 수진의 여덟 번째 생일이었다. 어디를 갈까 고민하다가 코엑스 아쿠아리움으로 향했다. 2035년. 개장 35주년을 맞아 진행된 특별 이벤트 때문에 사람이 어찌나 많던지 정아의 가족은 거의 떠밀리다시피 한 바퀴를 돌았다. 정신없고 때론 부산스러웠지만 그래도 좋았다.

… 중략 … 이렇게 웃으며 이야기 나누는 게 얼마나 오랜만일까? 불과 두 달 전만 해도 수진은 실어증에 걸린 아이처럼 입을 굳게 다물고 좀처럼 열지 않았다. 심리상담가는 마음의 문이 닫혀 있다고 했고 그의 조언대로 정아와 상혁은 꾸준히 수진과 대화를 시도했다. 어떠한 상황에도 화를 내지 않았고 또 대화가 안 통하면 그림으로 이야기를 대신했다. 역시 시간이 약인 걸까? 그때의 상처가 조금은 아물었다 싶은 요즘이다.

42 밑줄 친 부분에 나타난 '아내'의 심정으로 가장 알맞은 것을 고르십시오.

① 위로하다 ② 미안하다
③ 홀가분하다 ④ 걱정스럽다

43 윗글의 내용으로 알 수 있는 것을 고르십시오.

① 정아의 딸은 얼마전까지는 말을 하지 못했다.
② 정아의 딸은 정신과 의사에게 치료를 받았다.
③ 정아의 가족은 1박 2일로 여행을 갔다.
④ 최근 정아의 가족들은 정아의 생일을 기념했다.

불교는 석가모니가 만든 종교로, 중국을 거쳐 4세기 무렵 삼국 시대에 들어왔다. 자비를 강조하는 불교는 왕과 귀족은 물론 서민의 삶에도 깊숙이 파고들었다. 유교도 중국을 통해 삼국시대에 전파되었다. 특히 14세기 무렵 이후 한국인의 생활에 큰 영향을 미쳤다. 부모에 대한 효도, 웃어른에 대한 예의, 조상을 위한 제사 등 유교의 전통은 현재까지도 남아있다. 기독교는 예수의 가르침을 따르고 사랑의 실천을 강조하는 종교로, 천주교와 개신교로 나뉜다. 천주교는 17세기 무렵에 서양의 학문과 함께 들어왔다. 개신교는 19세기에 서양의 선교사를 통해서 한국에 전파되었고 한국 근대 교육과 보건에 큰 영향을 준 것으로 평가 받는다. 최근에는 국제 교류가 활발해지면서 한국의 종교가 더욱 다양해지고 있다. 이슬람교, 힌두교 등을 종교로 가진 사람도 조금씩 늘고 있는데 그럴 수록 종교 간의 상호 배려와 존중은 더욱 강조되어야 한다. 한국 사회 구성원은 종교가 있든 없든 종교에 대한 (   ), 종교라는 것이 각자가 선택한 삶의 방식 중 하나라는 점을 인식하는 태도를 가져야 한다.

44 (   )에 들어갈 말로 가장 알맞은 것을 고르십시오.

① 편견을 가지고

② 타인의 생각을 이해하고

③ 지식을 먼저 쌓고

④ 결정을 하고

45 윗글의 주제로 가장 알맞은 것을 고르십시오.

① 한국 사람들 대부분은 유교 정신을 따르고 있다.

② 종교 간 상호 배려와 존중하는 마음이 필요하다.

③ 개신교는 근대 교육과 보건에 이바지했다.

④ 한국 사람들의 종교에 대한 인식에는 문제점이 있다.

한국의 수출과 수입을 합친 무역 규모는 지난 2011년 세계 9번째로 1조 달러를 넘어선 이후로 꾸준히 상위권을 유지하고 있다. 2019년에도 수출액 5,424억 달러, 수입액 5,302억 달러를 기록하였다. 한국은 무역 강국의 지위를 유지하기 위해 첨단 제품의 수출을 계속 확대하고 있다. 또한, 한국 제품을 수출할 해외 시장을 확보하고 경제의 경쟁력을 강화하기 위해 여러 나라와의 자유무역협정을 추진해 왔다. 그러나 예전의 한국은 세계에서 가장 가난한 나라 중 하나였다. 전쟁의 아픔을 극복하면서 국제 사회의 여러 지원을 받고 스스로 노력을 통해 경제 성장의 기틀을 마련할 수 있었다. 그 이후로도 꾸준히 성장하여 이제 경제 강국이 된 한국은 이제 다른 나라의 경제 성장을 도와주는 역할에 더 적극적으로 참여해야 한다. 경제 상황이 어려운 나라의 보건, 교육, 위생, 교통 환경을 개선하고 물이나 에너지 부족 등과 관련된 문제가 해소될 수 있도록 적극적으로 지원해야 하고 예전에 원조를 받았던 나라라는 것을 잊지 않고 지금부터는 어려움에 처한 다른 나라에 원조를 해 주는 역할도 해야 한다.

46 윗글에 나타난 필자의 태도로 가장 알맞은 것을 고르십시오.

① 자유무역협정의 부조리에 대해 비판하고 있다.

② 전쟁으로 인해 힘들었던 한국의 상황에 대해 분개하고 있다.

③ 첨단 제품 수출을 확대하는 것의 필요성을 촉구하고 있다.

④ 예전에 지원을 받았던 한국도 이제 다른 나라에 원조해야 한다고 주장하고 있다.

47 윗글의 내용과 같은 것을 고르십시오.

① 자유무역협정은 한국에게 불리한 점이 있었다.

② 한국이 첨단 제품 수출로 세계 경제에 이바지하고 있다.

③ 한국의 수출입 규모는 계속 상위권을 유지하고 있다.

④ 한국은 예전부터 경제적으로 강한 나라였다.

슬로시티(slow city) 운동은 무분별한 개발을 피하고 자연을 보호하면서 전통문화를 잘 지켜나가려고 노력하는 국제운동이다. 슬로시티는 '유유자적한 도시, 풍요로운 마을'이라는 뜻으로 (   ). 바쁜 현대 도시와 달리 농경시대처럼 느리지만 편안하고 행복한 삶을 살 수 있는 마을을 만드는 것이 목적이다. 슬로시티 운동은 자연스럽게 관광 산업으로 연결되어 지역 경제 활성화에 도움을 준다. 한국에는 아시아 최초의 슬로시티로 지정된 전라남도 4개 지역인 담양, 장흥, 청산도, 증도를 포함하여 여러 지역에 슬로시티가 분포하고 있다. 그러나 이러한 슬로시티 운동에는 장점뿐 아니라 단점도 있다. 긍정적인 영향을 기대하며 계획대로 슬로시티가 잘 조성된다면 주민들의 삶의 질을 향상시킬 수 있고 지역 경제도 활성화시킬 수 있다. 그렇지만 철저한 사전조사나 전문지식 없이 무분별하게 슬로시티를 만든다면 해당 지역이 관광 활성화 수단으로만 전락되거나 환경이 지나치게 훼손되는 등의 부작용도 있을 수 있기 때문에 슬로시티의 목적에 맞는 환경을 조성하는 것이 무엇보다 중요하다.

48 윗글을 쓴 목적으로 가장 알맞은 것을 고르십시오.

① 슬로시티로 인해 훼손된 지역 복구를 촉구하기 위해서

② 슬로시티의 잘못된 적용 사례를 지적하기 위해서

③ 슬로시티의 의미에 맞는 마을을 만드는 것의 중요성을 주장하기 위해서

④ 슬로시티 건설을 반대하는 사람들 간의 의견을 중재하기 위해서

49 (   )에 들어갈 내용으로 가장 알맞은 것을 고르십시오.

① 느린 삶을 추구한다

② 조용한 마을을 뜻한다

③ 복잡하지 않은 마을이란 뜻이다

④ 관광 산업 활성화를 추구한다

50 윗글의 내용과 같은 것을 고르십시오.

① 슬로시티는 관광 산업이 발달에 목적이 있다.

② 한국에는 슬로시티가 아직 만들어지지 않았고 계획도 세우지 않고 있다.

③ 슬로시티로 인해 바쁜 현대 사회의 주민들의 삶의 질을 높일 수 있다.

④ 슬로시티를 조성할 때 부작용은 그리 크지 않다.

MEMO

MEMO

TOPIK II
실전 모의고사

모의고사
2회분

실전 모의고사

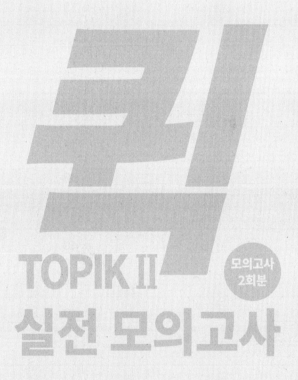

정답 · 해설

문항번호	정답	문항번호	정답
1	③	26	①
2	②	27	④
3	④	28	④
4	④	29	①
5	②	30	②
6	③	31	②
7	②	32	①
8	①	33	④
9	②	34	④
10	①	35	①
11	③	36	③
12	④	37	①
13	①	38	③
14	④	39	④
15	④	40	④
16	①	41	①
17	②	42	④
18	③	43	④
19	②	44	①
20	③	45	②
21	①	46	③
22	②	47	①
23	④	48	①
24	③	49	④
25	②	50	①

51	㉠ : 선생님은 혹시 언제 시간이 괜찮으세요?
	㉡ : 제가 한식당을 예약할게요.
52	㉠ : 숙성시켜 먹는 것이 현명하다.
	㉡ : 바나나를 먹고 변비를 예방할 수 있다.
53	아래 빈칸에 200자에서 300자 이내로 작문하십시오.(띄어쓰기 포함) (Please write your answer below ; your answer must be between 200 and 300 letters includind space.)

	현	대		사	회	에	서		고	립	에		대	한		것	이		큰		이	슈	가	
되	고		있	다	.	사	회	적		고	립	도	를		조	사	한		결	과		20	15	년
에	는		30	%	였	으	나		20	17	년	에		28	.1	%	로		다	소		감	소	했
고	,		20	19	년	에	는		21	.7	%	까	지		크	게		감	소	했	다	.		그	러	나
20	21	년	에		다	시		34	.1	%	를		기	록	해		사	회	적		고	립	도	가
크	게		상	승	했	다	.		사	회	적	인		고	립	을		느	끼	는		상	황	으	로
는		첫	째	,		아	플		때		집	안	일	을		부	탁	할		사	람	이		없	는
경	우	가		있	고	,		둘	째	,		힘	들		때		이	야	기	할		상	대	가		없
는		경	우	가		있	다	.																	

54 아래 빈칸에 600자에서 700자 이내로 작문하시오. (띄어쓰기 포함).
(Please write your answer below; your answer must be between 600 and 700 letters including spaces.)

　요즘 청년 실업률이 높아지는 것이 주목을 받고 있다. 이 글을 통해 청년 실업률이 높아지는 이유와 청년 실업률이 높아짐에 따라 생기는 사회 문제에 대해 살펴보고자 한다.

　청년 실업률이 높아지는 이유는 세 가지로 나눌 수 있다. 첫째, 대학을 졸업한 후에 자신의 전공과 관련한 일을 찾기가 쉽지 않다. 둘째, 적성에 맞는 직장을 찾는 시간이 너무 오래 걸린다. 셋째, 청년들의 일에 대한 생각이 많이 달라졌다. 또한 청년 실업률이 높아짐에 따라 생길 수 있는 사회 문제는 다음과 같다. 첫째, 부모님 세대의 경제적, 정서적인 부담이 늘어난다. 둘째, 국가 정책에 대한 불만이 많이 쌓일 수 있다. 셋째, 비인기 직업의 인력난이 심해질 수 있다.

　위와 같이 청년 실업률이 높아짐에 따라 생길 수 있는 사회 문제의 해결 방안은 다음과 같다. 첫째, 국가의 정책을 보완하는 것이 필요하다. 둘째, 요즘 사회 변화에 맞는 다양한 형태의 직업이 생겨야 한다. 셋째, 청년들의 선호에 따라 직장의 근무 형태를 다양화해야 한다.

　지금까지 청년 실업률이 높아지는 이유와 청년 실업률이 높아짐에 따라 생길 수 있는 사회 문제와 그 해결 방안을 알아보았다. 앞으로 청년 실업 문제를 해결하기 위해서 우리 모두가 각자의 위치에서 노력해야 할 것이다.

문항번호	정답	문항번호	정답
1	③	26	②
2	①	27	③
3	①	28	②
4	③	29	③
5	③	30	①
6	①	31	②
7	①	32	③
8	①	33	①
9	③	34	①
10	①	35	②
11	②	36	④
12	③	37	③
13	①	38	④
14	①	39	②
15	④	40	③
16	①	41	②
17	④	42	④
18	③	43	④
19	①	44	②
20	②	45	①
21	①	46	②
22	③	47	④
23	③	48	②
24	③	49	①
25	①	50	②

[1~3] 대화에 맞는 알맞은 그림 고르기

1, 2번은 대화를 듣고 대화의 내용과 맞는 그림을 고르는 문제
3번은 오디오를 듣고 내용과 맞는 그래프를 고르는 문제

1. 남자 : 뭐 드릴까요?
   여자 : 아이스 아메리카노 하나 주세요.
   남자 : 드시고 가세요? 아니면 포장하세요?
   여자 : 포장해 주세요.

   정답 ③

   해설 남자가 여자에게 무엇을 주문하는지 묻고 있습니다. 아메리카노를 주문하는 여자의 말을 통해 여기가 커피숍이라는 것을 알 수 있고 직원과 손님의 대화라는 것을 알 수 있습니다.

   단어 명 포장

2. 남자 : 어디로 보내실 거예요?
   여자 : 해외로 보내려고 해요.
   남자 : 안에 뭐가 들어 있어요?
   여자 : 간단한 과자랑 옷이 있어요.

   정답 ②

   해설 어디로 보낼 건지를 묻고 해외로 보내고 싶다고 얘기하며 안에 과자랑 옷이 들어있다고 말하는 내용이기 때문에 우체국에서 택배를 배송하고 있는 그림을 선택해야 합니다.

   단어 명 해외

3. 남자 : 만 29세까지의 청년들의 경제활동에 대한 조사를 했는데요. 그 결과 청년이 처음 취업했을 때 받는 월급이 150만 원에서 200만 원 미만이 35.7%로 가장 많았고 200만 원에서 300만 원이 그다음을 차지했습니다. 그리고 청년들이 첫 직장을 그만둔 이유로는 계약기간 종료, 개인적인 이유가 각각 2위와 3위를 차지했고 그다음 월급이 가장 높은 순위를 차지한 것으로 나타났습니다.

   정답 ④

   해설 이 문제에서는 그래프를 미리 보는 것이 중요합니다. 1번 2번 그래프는 청년들이 받는 월급에 대한 그래프인데 가장 많은 퍼센트를 차지한 것이 150만 원에서 200만 원입니다. 1번과 2번의 그래프 모두 1위가 150만 원에서 200만 원을 나타내는 막대가 아니기 때문에 오답입니다. 청년들이 첫 직장을 그만둔 이유로 2위와 3위가 계약기간 종료 그리고 개인적인 이유이기 때문에 가장 많은 응답을 차지한 월급이 1위로 그려진 4번이 정답이 됩니다.

   단어 명 월급 명 경제 활동 명 계약기간 종료

[4~8] 이어지는 말 고르기 (대화)

여자와 남자의 대화를 듣고 마지막 대화에 이어질 말을 고르는 문제

4. 여자 : 지원 씨, 밥은 먹었어요? 배고프지 않아요?
   남자 : 아침에 급하게 출근해야 해서 진짜 간단하게 조금 먹었어요. 배가 좀 고프네요.
   여자 : _____

   정답 ④

   해설 남자가 아침을 간단하게 먹고 배가 고프다고 하는 것을 보고 여자가 김밥을 사다 주겠다고 하는 상황입니다. 남자가 배가 고프다고 했으므로 음식을 권유하는 말이 알맞습니다.

   단어 명 출근 간단하게

5. 여자 : 상철 씨, 휴가 잘 다녀왔어요? 어땠어요?
   남자 : 오랜만에 쉬니까 너무 좋았는데, 찬 바람을 많이 맞았는지 지금 머리가 너무 아프네요.
   여자 : _____

   정답 ②

   해설 남자가 머리가 아프다는 것을 보고 여자가 약을 사 오겠다고 말하는 장면입니다. 그러므로 정답은 2번입니다.

   단어 명 휴가 명 찬 바람

6. 남자 : 잘 잤어요? 어제 춥지 않았어요?
   여자 : 어젯밤에 너무 추워서 난방을 틀고 잤어요. 아직까지도 추운 느낌이에요.
   남자 : _____

   정답 ③

   해설 남자가 여자에게 어제 춥지 않았냐고 물었습니다. 그런데 여자는 어젯밤에 너무 추웠다고 대답합니다. 이럴 때에는 상대방에게 따뜻한 차를 권하는 대답이 알맞습니다.

   단어 명 난방 부 아직까지도

7. 남자 : 성수동에 많이 와 봤어요? 여기에는 카페가 정말 많아요. 그런데 비슷한 분위기의 카페가 너무 많아서 좀 아쉬워요.
   여자 : 그렇네요. 사람들이 요즘 주로 좋아하는 분위기의 카페가 정말 많이 생겼어요.
   남자 : _____

   정답 ②

   해설 남자는 여자에게 성수동의 카페 분위기가 비슷해서 아쉽다고 합니다. 조금 더 다양한 분위기의 카페가 생겼으면 좋겠다는 말이 이어지는 것이 알맞습니다.

   단어 명 비슷한 분위기 명 다른 지역

8. 여자 : 오늘 야근해요? 몇 시쯤 퇴근할 것 같아요?
   남자 : 오늘은 야근 안 해요. 아마 6시쯤 퇴근할 것 같은데, 주미 씨도 저랑 같은 지역에서 근무하죠? 이따 퇴근하고 만날까요?
   여자 : _____

   정답 ①

   해설 여자가 남자에게 퇴근 시간을 물었고 남자는 6시쯤 퇴근한다고 대답했습니다. 다시 남자가 여자에게 퇴근 후에 만날 것인지를 물었기 때문에 여자가 6시쯤 만나기로 해요라고 대답하는 것이 가장 알맞습니다.

   단어 명 야근 명 퇴근

여자와 남자의 대화를 듣고 마지막 대화에 이어질 여자의 행동을 고르는 문제

9. 여자: 이 믹서기 어떻게 사용하는 건지 모르겠네요.
　　남자: 제가 좀 도와줄까요? 먼저 전원을 연결해야 할 것 같아요.
　　여자: 그래요? 제가 전원을 다시 연결해 볼게요. 혹시 고장일 수도 있으니까 서비스센터에 전화해 줄래요?
　　남자: 네, 지금 전화해 볼게요.

정답 ②

해설 여자는 남자의 말에 따라 믹서기의 전원을 연결할 것입니다. 남자에게 전화로 고장 신고를 해 달라고 했고 자신은 전원을 연결해 보겠다고 말했기 때문에 믹서기에 전원을 연결한다는 답이 가장 알맞습니다.

단어 명 믹서기 동 전원을 연결하다

10. 여자: 김치 만드는 것을 좀 도와줄 수 있어요?
　　남자: 그럼요. 제가 어떤 것부터 도와주면 될까요?
　　여자: 제가 마늘을 갈아서 준비할게요. 그다음에 양념을 좀 만들어 주세요.
　　남자: 네, 그럼 지금 바로 준비할게요.

정답 ①

해설 여자는 남자에게 도와 달라고 했고 김치를 만들기 위해서 마늘을 갈아서 준비하겠다고 했으므로 정답은 1번입니다.

단어 명 김치 명 마늘 동 갈다

11. 여자: 오, 이 옷 민규 씨에게 정말 잘 어울리네요.
　　남자: 그래요? 색깔이 너무 밝지 않아요?
　　여자: 아니요. 밝아서 더 잘 어울려요. 그런데 사이즈가 좀 작은 것 같아요. 제가 더 큰 사이즈를 가져와 볼까요?
　　남자: 그렇게 해 줄 수 있어요? 정말 너무 고마워요.

정답 ③

해설 여자는 남자에게 옷이 잘 어울린다고 말했고 사이즈가 작은 것 같다고 했습니다. 더 큰 사이즈를 가져오겠다는 여자의 말에 남자가 그렇게 해 줄 수 있는지 물어보는 것으로 보아서 알맞은 답은 3번입니다.

단어 형 밝다 명 피팅룸

12. 남자: 혹시 이 음료수 다른 맛도 판매하시나요? 진열대에는 딸기맛만 있어요.
　　여자: 어떤 맛을 원하세요 손님?
　　남자: 포도맛이 있으면 좋겠어요. 그리고 또 어떤 맛이 있나요?
　　여자: 지금 진열대에 있는 게 다인데, 제가 창고에 가서 어떤 맛이 있는지 살펴보고 올게요.

정답 ④

해설 남자가 여자에게 딸기맛 음료수 외에 포도맛 음료수가 있는지 문의했습니다. 그리고 다시 다른 종류의 맛이 있는지 물었습니다. 여자는 창고에서 종류를 확인해 보고 온다고 했으므로 음료수의 종류를 확인하고 온다가 알맞습니다.

단어 명 진열대 명 종류 명 맛

내용을 듣고 대화의 내용과 같은 보기의 지문을 고르는 문제

13. (대화)
　　남자: 과장님 혹시 이 문서에 나와 있는 행사가 원래 금요일 아닌가요?
　　여자: 어머, 그렇네요. 제가 요일을 헷갈렸나 봐요.
　　남자: 그럼 제가 요일만 수정해서 이메일로 보내 드리면 될까요?
　　여자: 네, 그렇게 해 주세요. 이메일을 받은 후에 제가 부장님께 마지막으로 말씀드릴게요.

정답 ①

해설 남자가 여자에게 회사 행사의 날짜가 금요일인지 확인했고 여자는 요일을 헷갈려서 잘못 썼다고 말했습니다. 남자가 여자에게 이메일을 다시 보내 주기로 했고 회사 행사는 금요일에 합니다. 그러므로 남자와 여자는 모두 회사의 행사를 준비하는 중이다가 가장 알맞은 답입니다.

단어 명 문서 명 행사

14. (안내)
　　여자: 여러분 안녕하세요. 여의도 한강공원 축제에 오신 것을 환영합니다. 9월 3일부터 10월 2일까지 계속되는 이 축제에서는 무소음 음악 파티부터 플리마켓 등 다양한 체험을 하실 수 있습니다. 음료와 분식류를 드실 수 있는 푸드트럭 10대도 설치될 예정이며 매일 오후 5시부터 이용 가능하니 많은 관심 부탁드립니다.

정답 ④

해설 푸드 트럭은 매일 오후 5시부터 이용 가능하다고 했으므로 저녁에 이용할 수 있다가 가장 알맞은 답입니다.

단어 명 축제 동 환영하다 명 무소음 플리마켓 명 분식류 명 푸드트럭

15. (안내)
　　남자: 오늘도 저희 착한 식당을 이용해 주시는 분들께 감사드립니다. 저희 착한 식당은 방학 동안 마땅히 점심 먹을 곳이 없는 아이들을 위해 음식을 무료로 제공해 왔습니다. 당초 무료로 제공되었던 식사는 이 착한 식당에 오시는 많은 분들의 요청으로 다음 주 월요일부터 부득이하게 500원의 식사비를 받게 되었습니다. 양해해 주시기 바랍니다. 저희 착한 식당의 휴무일은 매주 화요일입니다. 이 점 참고하시어 이용해 주시기 부탁드립니다. 감사합니다.

정답 ④

해설 이 식당은 무료로 음식을 제공해 왔으나 다음 주 월요일부터 어쩔 수 없이 500원의 식사비를 받게 되었다고 했으므로 4번 다음 주부터 이 식당의 가격 정책이 바뀐다가 가장 알맞은 답입니다.

단어 동 이용하다 부 마땅히 명 당초 명 무료 명 휴무일

16. (인터뷰)
   남자: 이번에 새롭게 나온 인공지능 프로그램은 어떤 특징이 있나요?
   여자: 이 인공지능 프로그램은 사람의 언어를 흉내 내서 대화를 할 수 있는 신개념 인공지능 프로그램인데요. 한 대화에 대해서 거기에 맞는 답들을 가지고 있고 그 질문에 맞춰서 답을 내놓을 수 있어요. 이 프로그램은 문맥을 파악할 수 있기 때문에 정말로 사람과 얘기하듯이 대화가 가능해요. 이 프로그램을 100만 명이 사용하는 데 단 5일이 걸렸다고 하고요.

   정답 ①
   해설 이 프로그램은 대화의 문맥을 파악할 수 있기 때문에 충분히 대화의 흐름을 이해할 수 있는 프로그램입니다. 또한 100만 명이 사용하는 데 단 5일이 걸렸다는 건 일주일 안에 100만 명이 사용하게 되었다는 뜻과 같으므로 1번이 가장 알맞은 답입니다.
   단어 명 인공지능 명 100만 명

[17~20] 남자의 중심 생각 고르기
대화 내용을 듣고 남자가 말하는 내용의 중심 생각을 고르는 문제

17. (대화)
   남자: 지금부터 우리 사무실에서 일을 하는 동안 휴대폰을 사용하는 것을 금지하면 어떨까요?
   여자: 휴대폰 사용을 금지하면 오히려 일을 할 때 소통이 필요한 사람들과 연락하지 못해서 일에 좋지 않은 영향을 미치지 않을까요?
   남자: 그렇긴 하지만 휴대폰을 멀리하면 집중력이 높아지고 더 효율적으로 일할 수 있는 것 같아요.

   정답 ②
   해설 남자는 휴대폰을 사용하면 일을 할 때 집중력을 높이는 데 도움이 되지 않는다고 말하고 있으므로 일을 할 때 집중력을 높이기 위해서 휴대폰 사용을 금지해야 한다고 주장하고 있습니다. 그래서 2번이 가장 알맞은 답입니다.
   단어 동 금지하다 명 집중력 부 효율적으로

18. (대화)
   남자: 이번에 식품에 소비기한 표시제가 새로 생겨서 오히려 식품에 대해 더 정확한 정보를 얻을 수 있어서 좋은 것 같아요.
   여자: 맞아요. 그렇지만 유통기한에 익숙해서 그런지 소비기한 이라는 개념이 잘 와닿지 않는 것 같아 좀 불편해요.
   남자: 그렇긴 해도 실제로 먹어도 되는 기한이 언제까지인지 알면 음식을 관리할 때 효율적일 것 같아요.

   정답 ③
   해설 소비기한 표시제와 유통기한에 대한 대화 내용이다. 실제로 먹어도 되는 기한을 알면 음식을 관리할 때 효율적 이라고 얘기했기 때문에 3번 식품을 언제까지 먹을 수 있는지를 알면 더 효율적으로 관리가 가능하다가 가장 알맞은 답입니다.
   단어 명 소비기한 표시제 명 유통기한

19. (대화)
   여자: 요즘 사람들이 겪고 있는 외로움의 문제는 더 이상 개인 만의 문제가 아닌 것 같아요.
   남자: 그렇네요. 사람들이 주로 느끼는 외로움이 사회에 어떤 영향을 미치는지 파악할 필요가 있는 것 같아요.
   여자: 맞아요. 그래서 우리나라에서도 이 국민들의 외로움 문제를 해결할 수 있는 적절한 제도가 생기면 좋겠어요.
   남자: 그렇지만 아직까지는 가정 내에서 해결해야 할 부분도 많이 있는 것 같아요.

   정답 ②
   해설 국민이 느끼는 외로움이 사회에 어떤 영향을 미치는지 파악해야 한다고 말했고 구체적으로 어떤 문제가 생기 는지 얘기하지 않았기 때문에 1번은 정답이 아니다. 또한 남자가 아직까지는 가정 내에서 해결해야 할 부분도 많이 있는 것 같다고 했으므로 2번 외로움의 문제는 가족 안에서 먼저 해결해야 한다가 가장 알맞은 답입니다.
   단어 명 외로움 명 영향 동 파악하다 명 적절한 제도

20. (인터뷰)
   여자: 선생님은 보통 사람들이 소통이 어려운 이유가 뭐라고 생각하세요?
   남자: 요즘 사회에서 사람들에게 소통이 어려운 데에는 3가지 이유가 있습니다. 첫 번째는 건강한 소통이 무엇인지 배운 적이 없다는 것이고요. 그다음으로는 상대방의 반응에 대해 지나치게 걱정하고 두려움을 갖기 때문입니다. 마지막으로 소통에 대한 연습이 부족하기 때문인데요. 건강한 소통을 하려면 어떤 방식으로 대화를 해야 하는지 끊임없이 연습해 보는 것이 무엇보다 중요합니다.

   정답 ③
   해설 소통을 하기 위해서는 건강한 소통이 무엇인지 배워야 하고 상대방의 반응에 대해 지나치게 걱정하지 않아야 한다고 말했습니다. 그리고 또한 소통에 대한 연습이 중요하다고 말했기 때문에 3번이 가장 알맞습니다.
   단어 명 소통 명 상대방 명 두려움 부 끊임없이

[21~22] 두 사람이 하는 대화를 듣고 질문 두 개에 답하기 (인터뷰)
21번은 대화를 듣고 남자의 중심 생각과 일치하는 보기를 고르는 문제
22번은 대화를 듣고 대화의 내용과 일치하는 내용을 고르는 문제

   여자: 부자가 되기 위해서 가장 중요한 것이 무엇이라고 생각하세요?
   남자: 제가 생각하는 부자가 되기 위해서 가장 중요한 것은 돈을 버는 것에 집중하지 않는 것입니다. 일반적으로 사람들은 돈을 어떻게 벌어야 하는지만 생각합니다. 그런데 그것보다 더 중요한 것은 돈을 어떻게 관리하는지입니다.
   여자: 그럼 돈을 잘 관리하려면 어떻게 해야 할까요?
   남자: 한 달 동안 버는 돈의 일정 비율을 항상 저축하는 것입니다. 월급이 많아졌다고 해서 지출을 계속해서 늘리면 돈을 잘 관리했다고 볼 수 없기 때문이죠.
   단어 명 일정 비율 명 저축 명 지출

21. 정답 ①
   해설 남자는 돈을 어떻게 버는지 보다 돈을 어떻게 관리해야 하는지가 더 중요하다고 말하고 있습니다. 그중에서도 월급의 일정 비율을 항상 저축하는 것이 중요하다고 했으므로 1번이 가장 알맞은 답입니다.

22. **정답** ②

해설 남자는 보통의 사람들이 돈을 버는 방법에 대해서만 집중하고 어떻게 관리해야 하는지는 신경 쓰지 않는다고 했으므로 2번이 가장 알맞은 답입니다.

[23~24] 두 사람이 하는 대화를 듣고 질문 두 개에 답하기 (회의)

23번은 대화를 듣고 여자가 무엇을 하고 있는지 고르는 문제
24번은 들은 내용과 같은 것을 고르는 문제

여자: 안녕하세요. 한국 마트 대표입니다. 사장님께서 보여 주신 김치 포장 용기 말인데요. 이 모양을 바꾸실 생각은 없으세요?

남자: 혹시 어떤 이유 때문에 포장 용기 디자인을 바꾸고 싶으세요?

여자: 저희 마트의 로고가 들어간 포장 용기로 바꾸고 싶어서요.

남자: 보시는 것처럼 이것은 단순한 포장 용기가 아닙니다. 한국의 전통 항아리 모양을 참고로 디자인했을 뿐만 아니라 전통 항아리의 과학적인 디자인을 참고해서 김치를 잘 보관할 수 있는 기능이 있는 포장 용기입니다.

여자: 아, 그렇군요. 그렇게 설명해 주시니 감사합니다. 그럼 저희는 이번에 이 상품을 10,000개 주문하겠습니다.

단어 명 포장 용기 명 전통 항아리 형 과학적인

23. **정답** ④

해설 포장 용기의 디자인에 대해 구체적으로 설명하는 사람은 남자입니다. 여자는 김치 포장 용기를 바꾸고 싶어 했고 남자의 설명을 듣고 포장 용기 디자인에 대해 이해한 뒤 해당 상품을 10,000개를 주문했기 때문에 대량 주문했다고 한 4번이 가장 알맞은 답입니다.

24. **정답** ③

해설 남녀의 대화 속에 나오는 제품은 김치를 담는 포장 용기입니다. 남자는 이 포장 용기가 한국의 전통적인 항아리의 모양을 본따 만든 것이며 특별한 기능이 있다고 설명했기 때문에 3번이 가장 알맞은 답이 됩니다.

[25~26] 두 사람이 하는 대화를 듣고 질문 두 개에 답하기 (인터뷰)

25번은 여자가 무엇을 하고 있는지 고르는 문제
26번은 들은 것과 같은 것을 고르는 문제

여자: 교수님, 대한민국 성인 6명 중 1명은 당뇨병을 앓고 있다는데요. 이게 사실입니까?

남자: 네, 사실입니다. 최근의 조사에 따르면 6명 중에 1명이 당뇨병을 앓고 있다고 하고요. 자신에게 당뇨병이 있는지를 모르는 경우도 3분의 1 정도가 된다고 합니다. 말 그대로 소리 없이 찾아오는 병이라는 거죠. 그래서 더욱 문제가 되고 있는 질병입니다. 당뇨병을 예방하기 위해서는 신선한 재료로 만든 음식을 먹고, 색깔이 다양한 음식을 먹는 것이 중요합니다. 또한, 흰 설탕, 흰쌀밥 그리고 흰 밀가루를 줄이는 것도 예방법이 될 수 있습니다.

단어 명 당뇨병 명 질병 예방 명 신선한 재료

25. **정답** ②

해설 여자는 남자에게 질문을 했고 남자는 특별히 당뇨병에 대한 의학적 지식에 대해 설명하고 있습니다. 그렇기 때문에 여자가 남자에게 의학적인 지식을 묻는 인터뷰를 하고 있다가 가장 알맞은 답이 됩니다.

26. **정답** ①

해설 대한민국 성인 6명 중 1명이 당뇨병을 앓고 있다는 조사 결과가 있다고 하고 그중에서도 자신에게 당뇨병이 있는지 모르는 경우도 3분의 1 정도가 된다고 했으므로 자신이 당뇨병인지 모르는 사람도 있다고 한 1번이 가장 알맞은 답이 됩니다.

[27~28] 두 사람이 하는 대화를 듣고 질문 두 개에 답하기 (토론)

27번은 대화 중 여자가 말하는 내용의 의도를 고르는 문제.
28번은 들은 내용과 같은 것을 고르는 문제.

여자: 지구온난화가 더욱 심해지고 있어서 큰일이에요. 99%의 과학자는 우리 인생에서 올해가 가장 시원한 해가 될 것이라고 한대요.

남자: 맞아요. 기후변화와 환경 오염으로 남극과 북극의 빙하가 녹아 해수면이 상승하고 해양 생물 중 최소 41%가 생존에 위협을 받고 있다고 해요.

여자: 네, 맞아요. 이러한 지구온난화를 막기 위해서 탄소 배출을 줄이는 것이 가장 중요한데요. 전기를 사용하지 않을 때에는 바로 끄고, 음식물 쓰레기의 양을 줄이는 노력이 필요합니다. 또 고기 대신 채식을 하는 것도 방법이고요.

남자: 건강을 위해서 단백질 섭취는 필수인데 채식을 하게 되면 어려운 부분도 있을 것 같네요.

단어 명 지구 온난화 명 해수면 명 해양 생물 명 위협 명 단백질 섭취

27. **정답** ④

해설 지구온난화를 주제로 여자와 남자가 대화를 하고 있습니다. 여자는 지구온난화를 막기 위해서 탄소 배출을 줄이는 것의 중요성을 얘기하고 있고, 전기를 사용하지 않을 때에 바로 끄거나 음식물 쓰레기의 양을 줄여야 한다고 말합니다. 그러므로 지구온난화를 막기 위해 여러 가지 노력이 필요하다가 가장 알맞은 답이 됩니다.

28. **정답** ④

해설 여자는 지구온난화에 대해 이야기하면서 과학자 중 99%가 우리 인생에서 올해가 가장 시원한 해가 될 것이라고 말하고 있다고 했습니다. 그렇기 때문에 앞으로는 지구온난화가 더욱 심해져 기온이 더 올라갈 것이라는 것을 의미합니다. 그러므로 4번 앞으로 지구의 기온이 더 상승할 것이다가 가장 알맞은 답이 됩니다.

여자: 어떻게 올림픽 선수가 되신 건가요?

남자: 예전에 월드컵 대회가 있었을 때 대한민국 국가대표 선수들이 대회에 출전했어요. 그 당시 국가대표 감독님과 국가대표 선수들을 만났는데요. 제가 이 종목을 제대로 배우고 싶다는 얘기를 했습니다. 그때부터 본격적으로 선수 생활을 시작했어요.

여자: 그러면 지금은 스포츠 해설 위원이 되셨는데 경기 해설을 할 때 어떤 점이 가장 어려우신가요?

남자: 보통은 경기에 대해서 사전 조사를 합니다. 직접 자료를 찾고 경기 해설에 대한 스크립트도 준비해요. 경기 영상을 계속 틀어 놓고 해설하는 반복 훈련을 합니다. 경기 해설을 직접 맡은 경기에서 우리나라 선수가 좋은 성적을 내면 엄청난 기쁨을 느끼는데 만약 우리나라가 경기에서 지면 제 기분에도 영향을 미치고 신경을 쓴 나머지 저녁에 잠을 잘 못 잘 때도 많이 있습니다.

단어 명 올림픽 선수 명 월드컵 대회 명 출전 명 국가대표 명 해설위원

29. 정답 ①

해설 남자는 예전에 스포츠 경기 선수였으나 지금은 해설 위원이 되었다고 했습니다. 미리 스포츠 경기에 대해서 사전 조사를 한 뒤에 경기를 해설하는 연습을 한다고 했으므로 1번 스포츠 경기에 대해서 해설을 하는 사람이 가장 알맞은 정답입니다.

30. 정답 ②

해설 남자는 예전에 한 스포츠 경기 선수로서 활동했습니다. 그러나 지금은 해설 위원이 되어 스포츠 경기를 해설하는 일을 한다고 했고 그것을 위해서 훈련한다고 했으므로 현재는 경기에 참가하는 선수는 아닙니다. 그러므로 2번이 정답이 됩니다.

여자: 현재 한국의 아이돌 연습생들이 훈련하는 방식이 너무 혹독할 때도 있는 것 같아서 좀 달라져야 한다고 생각해요.

남자: 맞아요. 가끔 보면 식단을 지나치게 조절해야 한다거나 너무 오랜 시간 연습생으로 훈련하는 게 힘들어 보이긴 해요. 그렇지만 그런 시간을 통해서 멋진 가수로 성장하는 것 같아요.

여자: 네, 그렇긴 하지만 진짜 가수로 데뷔하는 건 일부 연습생들만 할 수 있는 일이기 때문에 젊은 나이에 오랜 시간과 비용을 투자하는 것에 대해 다른 대안이 있었으면 좋겠어요.

남자: 그렇네요. 그 대안을 찾기 위해서 이 분야를 연구하는 전문가들의 도움을 받아 좀 더 건설적인 방향으로 변화되면 좋겠 어요.

단어 형 혹독하다 명 식단 동 조절하다 명 투자 명 대안
명 건설적인 방향

31. 정답 ②

해설 남자는 한국 아이돌 연습생의 훈련 방식이 너무 지나치게 힘들 때가 있다는 것을 말하면서 여자의 의견에 동의하고 있습니다. 특별히 그런 훈련 방식이 더 건설적인 방향으로 변화되면 좋겠다고 말했기 때문에 2번 연습생들의 훈련 방식이 개선되어야 한다가 알맞은 답입니다.

32. 정답 ①

해설 남자는 여자의 의견에 동의하면서 처음에는 긍정적인 생각을 공유했습니다. 그러나 여자의 추가적인 의견을 듣고 여자가 지적한 문제를 해결하기 위해서 어떤 방법을 선택해야 하는지 말하고 있으므로 1번이 알맞은 답입니다.

남자: 노년 내과란 보통 75세에서 77세 이상의 어르신들의 복합적인 질병을 해결하는 과인데요. 예를 들면 서른 가지 정도의 약을 드시는 경우에 이 약을 정리해 드리기도 합니다. 사람의 노화 궤적을 연구하고 노쇠한 분들이 어떻게 병들어 가는지 관찰합니다. 노화는 30대 후반부터 피부 주름에 먼저 오기 시작합니다. 20대 중반부터 인지 기능이 조금씩 떨어지기 시작해서, 30대 중반부터 체중이 늘고 60대부터는 심혈관 질환이 생기고 78세 이후부터는 인지 기능이 많이 떨어지게 됩니다. 그래서 젊었을 때는 유산소 운동으로 체중을 조절하고 60세 이상부터는 근력 운동을 하고 단백질을 많이 먹는 것이 중요합니다.

단어 명 노년내과 명 노화 궤적 형 노쇠한 명 심혈관 질환
명 유산소 운동

33. 정답 ④

해설 남자는 노년 내과가 무엇인지 설명하면서 구체적으로 어떤 분들을 대상으로 연구하는 곳인지를 설명하고 있습니다. 노년 내과의 정의와 어떤 역할을 하는지에 대해서 이야기하고 있으므로 정답은 4번입니다.

34. 정답 ④

해설 노년내과란 노인을 대상으로 노화의 궤적을 연구하는 진료과입니다. 20대 중반부터 인지 기능이 조금씩 떨어지기 시작해서 60세 이상부터는 근력 운동을 하는 것이 중요하고 단백질 섭취를 해야 한다고 했으므로 4번이 가장 알맞은 답입니다.

남자: 여러분 인공지능 프로그램을 아시나요? 얼마 전에 챗 지피티를 만든 회사에서 4세대 인공지능 프로그램을 출시했는데요. 이 4세대 인공지능 프로그램이 인류의 미래를 완전히 바꿀 수 있다는 기조의 기사가 세계 언론에서 쏟아져 나오고 있습니다. 컴퓨터의 발달로 인간의 일자리를 대체할 수 있을 거라는 우려가 몇 십 년 전부터 있었는데요. 앞으로 이 4세대 인공지능 프로그램이 전문직 일자리를 대체할 수 있다는 전망도 나오고 있을 뿐만 아니라 인공지능 프로그램이 미국 변호사 시험에서 하위 10%의 성적을 낸 반면 이번에 출시된 4세대 인공지능 프로그램은 상위 10%의 성적을 냈다고 합니다. 이러한 생성형 인공지능 프로그램이 약 3억 개의 직업에 영향을 끼칠 것이라는 분석도 나오고 있다고 합니다.

단어 명 기조 동 대체하다 명 우려

35. 정답 ①

해설 남자는 인공지능 프로그램에 대해서 설명하고 있습니다. 인공지능 프로그램가 인류의 미래에 미칠 영향과 사람의 직업을 대체할 수 있을 것이라는 이야기를 하고 그것의 기능이 얼마나 뛰어난지를 설명하고 있기 때문에 1번이 가장 알맞은 답입니다.

36. 정답 ③

해설 생성형 인공지능 프로그램이 약 3억 개의 직업에 영향을 끼칠 것이라고 했으므로 3억 개를 다르게 표현하여 수억 개라는 표현한 것은 맞는 표현입니다. 그러므로 3번이 가장 알맞은 답입니다.

[37~38] 두 사람의 대화를 듣고 질문 두 개에 답하기 (인터뷰)

37번은 여자가 말하는 내용의 중심 생각을 고르는 문제
38번은 들은 내용과 같은 것을 고르는 문제

남자: 한국에서 벤허는 소설보다 영화로 더 유명한데요. 이 벤허의 배경에 대해서 설명해 주실 수 있나요?
여자: 네, 1959년 찰턴 헤스턴이 주연했던 벤허는 영화로 만들어져서 당시 11개 부문에서 아카데미상을 거머쥐었습니다. 그렇다 보니 아직까지 불후의 명작으로 손꼽히고 있습니다. 1850년대에 나와서 최고의 누적 판매량을 가지고 있던 소설인 톰 아저씨의 오두막을 순식간에 제치고 미국 최고의 역대 베스트셀러로 등극 되었습니다. 소설의 인기에 힘입어 1899년에는 브로드웨이 쇼로 만들어졌었고요. 20년 동안 이 공연이 엄청난 인기를 끌게 되면서 2천만 명의 관객을 동원했고 브로드웨이 역사상 최고 흥행 작품 중에 하나가 되었습니다. 갑자기 노예나 다름없는 신세가 된 벤허의 한을 풀 때 예수가 용서의 의미를 가르쳐 주면서 그 한이 풀렸다는 얘기는 현대에 이르기까지도 수많은 사람들이 공감하는 명작이 되었습니다. 이렇듯 삶의 진리가 담긴 작품들은 오랫동안 사랑을 받기 마련인 것 같습니다.

단어 통 거머쥐다 명 불후의 명작 통 등극되다

37. 정답 ①

해설 여자는 영화 벤허의 작품성을 강조하면서 사람들이 많이 공감하는 내용의 작품이 곧 삶의 진리가 담긴 작품이고 그래야 오랫동안 사랑을 받을 수 있다고 말했기 때문에 1번이 가장 알맞은 답입니다.

38. 정답 ③

해설 소설 벤허는 그때까지 최고의 인기작이었던 소설 톰 아저씨의 오두막의 판매량을 제치고 브로드웨이 쇼로 만들어졌다고 했으므로 3번이 가장 알맞은 답입니다.

[39~40] 두 사람이 하는 대화를 듣고 질문 두 개에 답하기 (인터뷰)

39번은 이 대화의 전 내용을 유추하여 고르는 문제
40번은 들은 내용과 같은 것을 고르는 문제

여자: 제가 행복을 느끼는 순간들을 앞서 공유했는데, 그렇다면 이런 행복의 조건이 있다면 구체적으로 무엇일까요?
남자: 결과적으로 행복한 사람들은 기본적인 조건이 주어져야 한다고 하는데요. 바로 심리학과 철학에서 이야기하는 자기 결정성 이론과 연관이 됩니다. 이때 3가지의 조건이 필요하다고 합니다. 첫 번째로는 자율성인데요. 자기 스스로 선택 할 수 있는 것들이 있어야 한다고 하고요. 두 번째는 유능감입니다. 어제의 나보다 오늘의 내가 조금 더 낫다고 생각하고 내일의 내가 조금 더 성장할 것이라는 기대를 가질 수 있어야 한다는 것이죠. 세 번째로는 연결성입니다. 다른 사람들로부터 인정을 받거나 나를 아끼고 사랑하는 사람들과 교류하는 것이 중요하다고 해요.

단어 통 공유하다 명 심리학 명 철학 명 자기결정성 이론 명 자율성

39. 정답 ④

해설 이 대화 전의 내용으로 알맞은 내용을 고르는 문제에서 첫 번째 문장이 제일 중요합니다. 여자가 '제가 행복을 느끼는 순간을 앞서 공유했는데'라고 했기 때문에 여자가 행복을 느낀 순간이 무엇인지 말하는 내용이 앞에 와야 합니다. 그러므로 4번이 가장 알맞은 답이 됩니다.

40. 정답 ④

해설 행복의 조건을 설명할 때 자기결정성 이론이 연관되어 있고 자율성, 유능감, 연결성이 중요하다고 했습니다. 이때 어제의 나보다 오늘의 내가 조금 더 낫다고 생각하면 사람들은 행복을 느낄 수 있다고 했으므로 4번이 가장 알맞은 답이 됩니다.

[41~42] 한 사람이 하는 대화를 듣고 질문 두 개에 답하기 (강연)

41번은 강연의 중심 내용을 고르는 문제
42번은 들은 내용과 같은 것을 고르는 문제

여자: 대체로 한 도시가 세계적인 영향력을 가지게 되는 방식이 두 가지가 있습니다. 하나는 다른 도시들에 비해서 압도적인 농업 생산량을 기록하는 것입니다. 그렇게 되면 인구가 늘어나도 자연스럽게 주변에 있는 작은 도시나 마을들을 행정적으로나 정치적으로 관리할 수 있게 되면서 이게 곧 나라가 되는 겁니다. 두 번째로는 지형적으로 중요한 위치에 있거나 수많은 경제 활동가들이 많은 거래를 하는 곳이라면 국제적으로 영향력을 가지게 되는 겁니다. 아시아에서는 홍콩과 싱가포르가 있고 중세기 유럽에서는 이탈리아의 베네치아, 영국의 런던 그리고 미국의 뉴욕입니다. 특별히 이렇게 해서 무역 거래가 활발해지게 되는데 이때 예상치 못한 일들에 대비하기 위해서 예전부터 사람들이 조합을 만들어 위험이나 손실을 어느 정도 회복하려는 노력이 있어 왔습니다. 이 같은 노력이 지금 현대 사회에서도 이어지고 있는데 바로 한국의 무역보험공사 같은 기관들이 그러한 역할을 하고 있는 것입니다.

단어 부 대체로 명 영향력 형 압도적인 명 농업생산량 부 지형적으로

41. 정답 ①

해설 한 도시가 세계적인 영향력을 가지기 위해서 필요한 두 가지 요소에 대해서 설명하고 있습니다. 첫 번째는 압도적인 농업 생산량을 기록하는 것이고 두 번째는 경제 활동가들이 많은 거래를 하는 곳이어야 합니다. 이에 따라 답은 1번이 알맞은 답이 됩니다.

42. 정답 ④

> 해설 예전에도 무역 거래를 통한 손실이나 위험이 발생했을 때 그것을 어느 정도 회복하려는 노력이 있었고 그래서 조합이라는 기관을 만들게 되었습니다. 그것이 오늘날 한국의 무역보험공사 같은 역할을 했습니다. 또한 이러한 무역 거래를 통해 주변국에게 영향을 미칠 수 있게 되므로 정답은 4번입니다.

[43~44] 한 사람의 말을 듣고 질문 두 개에 답하기 (강연)

43번은 무엇에 대한 내용인지 고르는 문제
44번은 한글의 특징을 고르는 문제

여자 : 한글은 발명된 글자이기 때문에 세상에서 그 유래를 찾아보기 힘든 글자입니다. 한글은 오직 한국어를 적는데만 사용됩니다. 라틴 알파벳이 영어, 스페인어, 포르투갈어, 프랑스어, 독일어 등에 쓰이는 것과는 확연하게 다른 점이죠. 글자를 만드는 가장 쉬운 방법은 말의 소리를 그대로 적는 것입니다. 그러나 사람마다 똑같은 단어를 발음하는 방식이 굉장히 다릅니다. 그래서 동아시아의 한문처럼 거의 대부분의 고대 원어는 형태소를 적는 방법으로 발명됐습니다. 중국의 갑골문자나 고대 그리스의 초기 문자는 상형문자로 부르게 됩니다. 그리고 나서 소리를 그대로 적을 수 있는 표음문자도 생겨나게 됩니다. 특별히 한글은 소리를 글자로써 나타낼 수 있는 글자이기 때문에 외국어를 소리나는 대로 표기할 수 있는 언어입니다. 그러다 보니 시대의 상황에 따라 새로운 단어가 생겨나기도 쉬운 것이죠.

> 단어 명 고대 원어 명 형태소 명 갑골문자 명 상형문자 명 표음문자

43. 정답 ④

> 해설 여자는 한글에 대해서 설명하면서 세상에서 그 유래를 찾아보기 힘든 글자라고 표현했습니다. 이처럼 한글의 독특한 점을 얘기하면서 다른 나라 언어와 다른 점에 대해 설명하고 있으므로 한글의 특징과 차별점이 가장 알맞은 답이 됩니다.

44. 정답 ①

> 해설 한글은 상형문자인 중국의 갑골문자나 고대 그리스의 초기 문자와는 달리 소리를 그대로 적을 수 있는 표음 문자로서 외국어를 소리 나는 대로 표기할 수 있는 언어입니다. 그러므로 1번이 가장 알맞은 답입니다.

[45~46] 한 사람의 말을 듣고 질문 두 개에 답하기 (강연)

45번은 들은 내용과 같은 것을 고르는 문제
46번은 여자가 말하는 방식을 고르는 문제

여자 : 이 그림은 삼촌이 된 반 고흐가 이제 갓 태어난 조카를 위해 그린 그림입니다. '꽃 피는 아몬드 나무'인데요. 그때까지 반 고흐가 작업했던 그림 중 가장 끈기 있게 작업한 작품으로 알려져 있고 붓질도 더 안정되게 그린 그림이라고 합니다. 빈센트 반 고흐는 이 그림을 통해 그가 받지 못했던 무조건적인 사랑을 조카에게 줄 준비가 되어 있다는 마음을 표현한 것으로 보입니다. 조카의 존재가 반 고흐와 그의 가족들에게 기쁨과 행복을 준다는 것을 표현하고 싶어 했고 특별히 조카의 침실 머리맡에 이 그림을 걸어달라는 부탁을 했다고 합니다. 빈센트 반 고흐의 동생인 테오가 자신의 아기의 이름을 형의 이름과 똑같이 빈센트 반 고흐라고 지었다는 이야기도 정말 유명합니다.

> 단어 부 끈기 있게 명 붓질 명 머리맡에

45. 정답 ②

> 해설 반 고흐는 그의 조카를 위해 '꽃 피는 아몬드 나무'라는 그림을 그렸다고 했습니다. 그러므로 반 고흐의 동생의 자녀를 위해 그려졌다고 한 2번이 정답입니다.

46. 정답 ③

> 해설 여자는 이 작품을 그릴 때 반 고흐와 그의 가족의 상황에 대해서 설명하면서 이 그림을 그린 이유를 설명하고 있습니다. 이 작품에 대한 뒷얘기를 설명하면서 이 작품이 만들어진 과정에 대해 말하고 있기 때문에 3번이 가장 알맞은 답이 됩니다.

[47~48] 두 사람이 하는 대화를 듣고 질문 두 개에 답하기 (인터뷰)

47번은 들은 내용과 같은 것을 고르는 문제
48번은 남자가 말하는 방식을 고르는 문제

여자 : 환경 문제 중 기후변화와 더불어 가장 심각한 문제 중 하나가 플라스틱 오염이 아닐까 싶은데요. 지금까지 우리가 쓰고 버린 플라스틱 폐기물이 얼마나 되는지 좀 알려 주실 수 있으실까요?

남자 : 네, 지금까지 인류가 생산한 플라스틱 총량은 92억 톤입니다. 그중 3분의 2나 되는 70억 톤이 땅과 바다에 버려졌습니다. 이게 얼마나 많은 양인지 감이 잘 안 오시죠? 과테말라 중부를 관통하는 라스 바카스 강은 이미 짙은 회색빛에 거품이 이는 더러운 물이 되어 강인지 시궁창인지 구별하기 힘들어졌을 정도라고 합니다. 그래서 더더욱 플라스틱 사용량을 줄이고 재활용 비율을 높이는 것과 더불어 새로운 플라스틱 개발이 시급합니다. 자연에서 저절로 분해되는 플라스틱 같은 썩는 플라스틱 말이죠. 이 썩는 플라스틱은 미생물인 대장균을 이용해 만들어 쉽게 썩는 반면 가격이 비싸다는 단점도 있습니다.

> 단어 명 기후 변화 명 오염 명 폐기물 명 시궁창 명 미생물 명 대장균

47. 정답 ①

> 해설 남자는 플라스틱 오염으로 인해 과테말라 중부의 강이 오염되는 등 땅과 바다가 훼손되는 것에 대해서 이야기하고 있습니다. 따라서 1번이 가장 알맞은 답입니다.

48. 정답 ①

해설 남자는 환경을 보호하기 위해서 플라스틱 폐기물을 줄이는 것의 중요성에 대해서 이야기하고 있습니다. 특별히 자연에서 저절로 썩는 플라스틱을 개발하는 것으로 환경을 보호할 수 있다고 말하고 있으므로 1번이 가장 알맞은 답이 됩니다.

[49~50] 한 사람의 말을 듣고 질문 두 개에 답하기 (강연)
49번은 들은 내용과 같은 것을 고르는 문제 50번은 여자가 말하는 방식을 고르는 문제

여자: 요즘에는 날씬한 몸을 유지하는 것이 미의 상징 그리고 여유로운 삶을 살고 있다는 반증이 되었습니다. 이렇게 살을 빼는 다이어트에는 여러 가지 종류가 있습니다. 저지방 다이어트, 고지방 다이어트, 키토 다이어트 그리고 간헐적 단식 등이 그 예인데요. 그러나 어느 종류의 다이어트를 선택 하는지와는 상관없이 칼로리를 제한함으로써 살을 빼는 것이 가능하다는 의견이 나오고 있습니다. 칼로리를 태우는 요소 즉 발열작용이 일어나는 환경이 중요한 요소 중 하나가 됩니다. 이때 두 가지가 필요한 데 첫 번째는 지방 세포 안에 있는 지방을 움직이는 것이고 이것을 우리는 지방분해라고 부릅니다. 두 번째로 이러한 지방을 에너지원으로 쓰이도록 하는 산화입니다. 지방 산화를 통해 지방을 태우면서 에너지를 만들어내는 것이죠. 이 과정에서 지방을 움직이고 산화시켜야 결국 체지방이 줄어들게 되는 것입니다.

단어 명 요소 명 발열작용 명 지방 세포 명 지방분해 명 에너지원 명 산화 명 체지방

49. 정답 ④

해설 여자는 여러 가지 다이어트의 종류에 대해 이야기하면서 다이어트를 하려면 지방을 분해해서 분해된 지방을 에너지원으로 사용하는 것이 중요하다고 말합니다. 그러므로 4번이 가장 알맞은 답입니다.

50. 정답 ①

해설 여자는 다이어트의 종류에 대해서 설명하면서 체지방을 줄이는 두 가지 과정에 대해 구체적으로 말하고 있습니다. 첫 번째는 지방분해이고 두 번째는 지방을 태우는 것이라고 했기 때문에 1번이 가장 알맞은 답입니다.

쓰기 | Writing

[51~54] 글을 읽고 빈 칸에 알맞은 표현 쓰기

51 (메세지), 52번(뉴스 기사)은 글을 보고 빈칸에 알맞은 표현을 쓰는 문제
53번은 자료를 보고 내용을 200~300자의 글로 쓰는 문제
54번은 내용을 참고하여 600~700자로 글을 쓰는 문제

51	㉠ : 선생님은 혹시 언제 시간이 괜찮으세요?
	㉡ : 제가 한식당을 예약할게요.

52	㉠ : 숙성시켜 먹는 것이 현명하다
	㉡ : 바나나를 먹고 변비를 예방할 수 있다

53 아래 빈칸에 200자에서 300자 이내로 작문하십시오.(띄어쓰기 포함)
(Please write your answer below ; your answer must be between 200 and 300 letters includind space.)

(총 5-6 문장)

[그래프 설명 : 3문장]
1. 사회적 고립도에 대한 언급
2. 연도별로 수치를 설명한 뒤 가장 크게 변화한 것을 언급(증가, 감소, 상승, 하락 등)

[근거 및 추가 자료 설명 : 1문장-3문장]
3. 사회적인 고립을 느끼는 첫 번째 상황 언급
4. 사회적인 고립을 느끼는 두 번째 상황 언급

* 이 때 문장의 길이에 따라 긴 문장 하나를 두 개 이상의 문장으로 나누어 쓸 수 있다.

현대 사회에서 고립에 대한 것이 큰 이슈가 되고 있다. 사회적 고립도를 조사한 결과 2015년에는 30%였으나 2017년에 28.1%로 다소 감소했고, 2019년에는 21.7%까지 크게 감소했다. 그러나 2021년에 다시 34.1%를 기록해 사회적 고립도가 크게 상승했다. 사회적인 고립을 느끼는 상황으로는 첫째, 아플 때 집안일을 부탁할 사람이 없는 경우가 있고, 둘째, 힘들 때 이야기할 상대가 없는 경우가 있다.

54 아래 빈칸에 600자에서 700자 이내로 작문하시오. (띄어쓰기 포함). (Please write your answer below; your answer must be between 600 and 700 letters including spaces.)

[서론 : 2문장]
높아지는 청년 실업률
주제 언급

[본론 : 12문장]
1. 청년 실업률이 높아지는 이유
1) 자신의 전공과 관련한 일을 찾기
쉽지 않다.
2) 적성에 맞는 일을 찾기 위한 시간
이 너무 오래 걸린다.
3) 청년들의 일에 대한 생각이 달라
졌다.

2. 청년 실업률이 높아지면 생기는
사회 문제
1) 부모님 세대의 경제적, 정서적인
부담이 늘어난다.
2) 국가 정책에 대한 불만이 쌓인다.
3) 비인기 직업의 인력난이 심해진다.

3. 청년 실업의 효과적인 해결책
1) 국가 정책 보완
2) 다양한 형태의 직업 창출
3) 직장의 근무 형태 다양화

[결론 : 2문장]
본론 내용 요약 및 앞으로의 과제

　요즘 청년 실업률이 높아지는 것이 주목을 받고 있다. 이 글을 통해 청년 실업률이 높아지는 이유와 청년 실업률이 높아짐에 따라 생기는 사회 문제에 대해 살펴보고자 한다.

　청년 실업률이 높아지는 이유는 세 가지로 나눌 수 있다. 첫째, 대학을 졸업한 후에 자신의 전공과 관련한 일을 찾기가 쉽지 않다. 둘째, 적성에 맞는 직장을 찾는 시간이 너무 오래 걸린다. 셋째, 청년들의 일에 대한 생각이 많이 달라졌다. 또한 청년 실업률이 높아짐에 따라 생길 수 있는 사회 문제는 다음과 같다. 첫째, 부모님 세대의 경제적, 정서적인 부담이 늘어난다. 둘째, 국가 정책에 대한 불만이 많이 쌓일 수 있다. 셋째, 비인기 직업의 인력난이 심해질 수 있다. 위와 같이 청년 실업률이 높아짐에 따라 생길 수 있는 사회 문제의 해결 방안은 다음과 같다. 첫째, 국가의 정책을 보완하는 것이 필요하다. 둘째, 요즘 사회 변화에 맞는 다양한 형태의 직업이 생겨야 한다. 셋째, 청년들의 선호에 따라 직장의 근무 형태를 다양화해야 한다.

　지금까지 청년 실업률이 높아지는 이유와 청년 실업률이 높아짐에 따라 생길 수 있는 사회 문제와 그 해결 방안을 알아보았다. 앞으로 청년 실업 문제를 해결하기 위해서 우리 모두가 각자의 위치에서 노력해야 할 것이다.

읽기 Reading

[1~2] 문장에 알맞은 어휘 고르기
문장의 흐름에 맞게 빈 칸에 들어갈 알맞은 표현을 고르는 문제

1. **정답** ③
   해설 목적을 나타낼 때는 -(으)려면을 사용합니다. 충전하기 위해서는 이곳에서 하면 된다고 말하고 있으므로 정답은 3번입니다.

2. **정답** ①
   해설 내가 아닌 다른 사람을 얘기할 때 -후에 다음에 나오는 말로 알맞은 표현은 미래를 나타내는 표현입니다. 그러므로 '퇴근할 거예요'가 가장 알맞습니다.

[3~4] 비슷한 의미의 어휘 고르기
밑줄 친 부분과 의미가 가장 비슷한 것을 고르는 문제

3. **정답** ①
   해설 '-지만'은 앞의 내용과 반대되는 사실을 말할 때 씁니다. 앞의 내용과 다른 결과가 생겼을 때 '-(으)ㄴ데도'를 쓸 수 있으므로 정답은 1번입니다.

4. **정답** ③
   해설 '-(으)ㄹ 리가 없다'는 가능성이 아주 낮을 때 씁니다. '-지 않(았)을 것이다.'로 바꾸어 쓸 수 있습니다.

[5~8] 주제 고르기 (광고)
보기에 나온 광고를 보고 어떤 것에 대한 글인지 고르는 문제

5. **정답** ③
   해설 '주무세요'라는 문구로 잠을 잘 때 사용하는 것이라는 것을 알 수 있고, 머리부터 발끝까지라는 표현으로 그것이 매트리스라는 것을 알 수 있습니다.

6. **정답** ①
   해설 쓰지 않는 물건을 기부하여 저렴한 가격에 다시 판매하는 행사를 바자회라고 합니다.

7. **정답** ①
   해설 집 밖에서라는 표현을 통해 스마트홈 관련 내용이라는 것을 알 수 있고 터치하면서 전기를 켜고 끌 수 있다고 했으므로 정답은 휴대폰에 설치해 손으로 조작할 수 있는 스마트홈 애플리케이션입니다.

8. **정답** ①
   해설 신청할 수 있는 조건 두 가지에 대해서 이야기하고 있으므로 정답은 1번입니다.

[9~12] 글/그래프를 확인하고 같은 내용 고르기
9번은 대회 안내문과 같은 내용을 고르는 문제
10번은 그래프와 같은 내용을 고르는 문제
11~12번은 글을 읽고 글의 내용과 같은 것을 고르는 문제

9. **정답** ③
   해설 제1회 온라인 한국어 말하기 대회이기 때문에 올해 처음 열리는 대회이고 1등인 대상을 수상하면 상금 100만 원과 한국행 왕복 티켓을 받을 수 있으므로 정답은 3번이 됩니다.

10. **정답** ①
    해설 상위 25% 소득은 420만 원에서 450만 원이기 때문에 정답은 1번입니다.
    단어 명 중위값

11. **정답** ②
    해설 이 글에서는 서울의 자장면 한 그릇 가격이 7000원으로 오른 것을 이야기하면서 외식 물가 상승에 대해 언급하고 있으므로 정답은 2번입니다.
    단어 명 외식 물가

12. **정답** ③
    해설 본문에서 얼마 전 방영된 여행 프로그램을 통해서 대만을 여행하는 한국 여행객이 늘어 대만 현지 디저트에 대한 관심도 높아졌다고 했으므로 정답은 3번입니다.
    단어 부 필두로 명 흥행 명 인기 몰이

[13~15] 문장을 순서대로 배열하기
문장 앞의 연결어를 참고하여 문장을 순서대로 배열하는 문제

13. **정답** ①
    해설 예술의 거리 축제 소개 → 축제 추가 설명(예술품 경매) → 예술품 경매 추가 설명 → 지난해와 비교(더 다양한 예술품 경매 진행)
    단어 명 예술품 경매 명 중견 작가 명 협업 명 전시

14. **정답** ①
    해설 서울시 주류 행사 기획 → 해당 행사 운영 시간(야간까지) → 추가 문제점(사고 위험) → 시청 담당자 입장
    단어 명 시청 명 위법 사항 명 제재 명 주류

15. **정답** ④
    해설 공공 쇼핑몰 사이소 매출액 소개 → 매출액 수치에 대한 추가 설명(증가한 수치) → 매출액 증가 이유 → 공공 쇼핑몰 사이소의 인기 비결
    단어 명 매출액 명 수요 명 급증 명 공공쇼핑몰

[16~18] 빈 칸에 들어갈 말 고르기
글의 흐름에 따라 빈 칸에 들어갈 가장 알맞은 표현을 고르는 문제

16. **정답** ①
해설 명상의 중요성에 대해서 이야기 하고 있습니다. 공포와 불안을 느끼는 사람들에게도 마음의 힘을 키워준다는 내용이 있으므로 '효과가 있다고 알려졌다.' 1번이 정답입니다.
단어 몡 명상 통 조명을 받다 통 내려놓기

17. **정답** ④
해설 신조어는 새로운 사물을 표현하거나 새로운 현상을 표현할 때 쓸 수 있다고 했으므로 정답은 4번입니다.
단어 몡 신조어 몡 수명 몡 신세대

18. **정답** ③
해설 일반적으로 야식은 좋지 않다고 알려져 있지만 몇몇 음식들은 건강에 좋다고 설명하면서 반대로 단 음식을 먹으면 수면에 방해가 된다고 말하고 있습니다. 이때 깊이 잠들지 못하는 이유로는 '지나치게 소화에 집중해야 하고'가 가장 알맞기 때문에 정답은 3번입니다.
단어 몡 저혈당 몡 아미노산 몡 수면 방해

[19~20] 하나의 지문을 읽고 두 개의 문제 풀기 (설명문)
19번은 글의 빈 칸에 알맞은 표현을 고르는 문제
20번은 글의 주제를 고르는 문제

19. **정답** ①
해설 일을 미루는 사람들이 마감 시간에 맞춰서 촉박하게 일을 한다는 내용이므로 정답은 1번 급하게입니다.
단어 통 꼽다 몡 노후 준비 통 외면하다

20. **정답** ②
해설 본문에서는 일을 미루는 습관을 개선해야 인생을 잘 계획할 수 있다고 했으므로 정답은 2번입니다.

[21~22] 하나의 지문을 읽고 두 개의 문제 풀기 (설명문)
21번은 빈 칸에 들어갈 알맞은 표현을 고르는 문제
22번은 글의 내용과 같은 것을 고르는 문제

21. **정답** ①
해설 빈칸 뒤에 발병을 늦출 수 있다는 표현이 나왔기 때문에 빈칸에는 병에 대한 표현이 필요합니다. 따라서 정답은 1번입니다.
단어 부 유창하게 몡 모국어 몡 치매 몡 발병

22. **정답** ③
해설 새로운 언어를 배우는 것은 치매 예방에 도움이 되며 발병을 늦출 수 있다고 했으므로 정답은 3번입니다.

[23~24] 하나의 지문을 읽고 두 개의 문제 풀기 (소설)
23번은 밑줄 친 부분에 나타난 '나'의 심정을 고르는 문제
24번은 글의 내용과 같은 것을 고르는 문제

23. **정답** ③
해설 이 사람은 꿈에 그리던 직장에 입사해 열심히 일을 하고 있었으나 원인을 알 수 없는 두통 때문에 고통스러워하고 있었으므로 3번 답답하다가 정답입니다.
단어 혱 내로라하는 몡 권고 통 시간을 쪼개다

24. **정답** ③
해설 이 사람은 이 직장에 들어가기 위해 몇 개월을 준비했습니다. 일한 지 1년쯤 지났을 때 원인을 알 수 없는 통증 때문에 응급실에 실려갔다고 했으므로 정답은 3번입니다.

[25~27] 신문기사 제목으로 내용 유추하기
신문 기사의 제목을 보고 어떤 내용일지 고르는 문제

25. **정답** ①
해설 의사들이 공공병원을 기피하면서 돈을 많이 줘도 공공병원에서 일하지 않기 때문에 의사를 잘 못 구한다는 내용이므로 정답은 1번입니다.
단어 몡 연봉 몡 공공병원 몡 구인난

26. **정답** ②
해설 한 협회에서 오리고기를 공급을 통제하는 방식으로 12년 동안 가격이 낮아지지 않도록 조작하고 있었다는 내용이므로 정답은 2번입니다.
단어 몡 공급 몡 통제 몡 협회 부 급격하게

27. **정답** ③
해설 공항버스가 고급 리무진 차량으로 계속해서 전환되면서 그에 따라 승객들이 나누어 부담해야 하는 요금도 60%가 올랐다는 내용이므로 정답은 3번입니다.
단어 몡 공항버스 몡 고급 리무진 몡 줄줄이 전환 몡 제조방식

[28~31] 빈 칸에 들어갈 말 고르기
글의 내용을 읽고 빈 칸에 들어갈 알맞은 표현을 고르는 문제

28. **정답** ②
해설 성공한 사람과 다독의 상관관계에 대해서 이야기하고 있으므로 빈칸에는 성공에 대한 이야기가 나오는 것이 자연스럽습니다. 정답은 2번입니다.
단어 몡 다독가 부 비로소 몡 교훈

29. **정답** ③
해설 전 황제에 대한 예의가 아니라고 했으므로 장례식 날을 택하는 것은이라는 표현이 가장 알맞습니다. 정답은 3번입니다.
단어 몡 황제 몡 천도교 몡 기독교 몡 국경 몡 전파 몡 민족 운동

30. **정답** ①

해설 회사의 성장을 위해서 명확하게 중요한 것이 무엇인지를 말하는 문장입니다. 다음 문장에서 인사가 모든 일의 기본이라는 내용과 열정적으로 일해 줄 사람을 뽑아야 한다는 내용이 나오므로 정답은 1번입니다.

단어 몡 인력 규모 몡 적합한 인재 몡 만사 몡 불변의 진리

31. **정답** ②

해설 앞서 현대 문명이 소비자의 생활에 편리를 주었는데 그것은 다시 상품의 대량 생산을 통해서 이루어진다고 설명했습니다. 그러므로 상품의 대량 생산이 곧 현대 문명을 만들었다고 해도 부족한 설명이 아닌 것이 됩니다. 따라서 정답은 2번입니다.

단어 몡 현대 문명 혱 인위적인 몡 화학물질

[32~34] 글의 내용과 같은 것 고르기

글의 내용과 같은 것을 고르는 문제

---

32. **정답** ③

해설 태양 에너지에 대한 글입니다. 빛은 입자 형태를 띤 광자와 파동의 성질을 동시에 갖는다고 했기 때문에 정답은 3번 입니다.

단어 몡 파도 물결 동 출렁이다 몡 광자 몡 파동 몡 입자 몡 빛의 이중성

33. **정답** ①

해설 한국은 경쟁이 심한 성장 사회의 단계에 있으며 다양성이 존중되는 성숙 사회로 넘어가는 단계에 있습니다. 그러 므로 정답은 1번입니다.

단어 혱 압도적인 혱 쟁쟁한 몡 성장 사회 몡 성숙 사회 혱 주관적인 동 추구하다

34. **정답** ①

해설 아로마 테라피를 통해 심신이 안정될 수 있는데 이때 향기를 이용하게 된다고 했습니다. 향기는 감각을 자극 하고 감정을 안정시키는 효과가 있다고 했기 때문에 정답은 1번입니다.

단어 몡 아로마 테라피 몡 심신 안정 몡 활력 몡 각광

[35~38] 글의 주제 찾기

글의 내용과 일치하는 주제를 고르는 문제

---

35. **정답** ②

해설 본문에서는 초연결 사회와 그 핵심 기술인 사물인터넷에 관한 내용이 나와 있습니다. 초연결 사회의 핵심은 사물인터넷이고 사물인터넷을 통해 사물이 연결된다고 했으므로 정답은 2번입니다.

단어 몡 초연결 사회 몡 사물인터넷 몡 빅데이터

36. **정답** ④

해설 외국어 교육의 시작 시기에 대해 이야기하고 있습니다. 언어 교육의 시작 시기는 교육 목표에 따라 달라질 수 있다고 얘기하고 있고, 제2외국어에 빨리 노출되는 것이 장점만 있는 것이 아니라고 했으므로 정답은 4번입니다.

단어 뷔 제도적으로 몡 모국어 몡 외국어 몡 언어 구사 수준 동 노출되다

37. **정답** ③

해설 인간의 뇌와 영장류의 뇌가 비슷하지만 다른 점도 있다고 했고 침팬지와 인간의 유전자가 98% 이상 동일하다고 했으므로 정답은 3번입니다.

단어 몡 유전자 혱 동일한 몡 신경세포 몡 전두엽 몡 발달

38. **정답** ④

해설 사자를 예로 들면서 인간이 사자들의 영역을 침범했다고 했고 동물들과 공생하는 방법을 연구해야 한다고 했으 므로 정답은 4번입니다.

단어 몡 침범 몡 관리자 몡 생존권 몡 존중 몡 공생

[39~41] 주어진 문장이 들어갈 곳 찾기

보기의 문장이 들어갈 알맞은 위치를 고르는 문제

---

39. **정답** ②

해설 바이러스가 숙주 세포에 침입하기 위한 여러 가지 조건이 ㉡ 다음에 나오고 있으므로 정답은 2번입니다.

단어 몡 복제수단 몡 숙주 몡 침입 몡 열쇠 몡 자물쇠

40. **정답** ③

해설 보기의 내용은 구호 물품을 얼마만큼 지원하는지에 대한 내용입니다. 따라서 지원되는 식량에 대한 내용이 나오는 마지막 문장의 앞에 위치하는 것이 가장 자연스럽습니다. 정답은 3번입니다.

단어 몡 자립 몡 복원력 몡 구호 물품 몡 배급 몡 가치

41. **정답** ②

해설 '이러한 경험은'이라는 표현이 나왔기 때문에 앞에 경험에 대한 이야기가 나와야 합니다. 자연의 아름다움을 체험하는 것에 대해 이야기한 뒤에 ㉡ 위치에 들어가는 것이 가장 알맞습니다.

단어 몡 창의력 몡 체험

[42~43] 하나의 지문을 읽고 두 개의 문제 풀기(소설)

42번은 밑줄 친 부분에서 알 수 있는 주인공의 심정을 고르는 문제
43번은 글을 읽고 알 수 있는 내용을 고르는 문제

---

42. **정답** ④

해설 사내가 염 여사의 파우치를 여는 순간 염 여사는 자신의 물건을 마음대로 여는 상대방에 대해 당황했을 것이므로 정답은 4번입니다.

43. **정답** ④

해설 염 여사는 파우치를 잃어버렸고 기차를 타고 가던 도중에 생각이 났습니다. 파우치를 찾으러 갔을 때 사내가 염 여사의 파우치를 열며 주인이 맞는지 물어봤기 때문에 정답은 4번입니다.

단어 몡 파우치 몡 도무지 동 감퇴되다 몡 행적 뷔 필사적으로

44번은 글을 읽고 빈 칸에 들어갈 알맞은 것을 고르는 문제
45번은 글을 읽고 알 수 있는 것을 고르는 문제

44. 정답 ②

해설 주민이 지역의 일에 스스로 참여하고 해결하는 것은 지방자치제이며 다음 문장의 처음에 지방자치제라는 표현이 나왔으므로 정답은 2번입니다.

단어 명 지방자치제 명 중앙 정부 명 권력 명 풀뿌리 민주주의

45. 정답 ①

해설 정부가 각 지역의 요구를 모두 처리하기 어렵기 때문에 주민이 참여할 수 있는 지방자치제가 필요하다고 했으므로 정답은 1번입니다.

46번은 글을 읽고 글쓴이의 태도로 알맞은 것을 고르는 문제
47번은 글의 내용과 같은 것을 고르는 문제

46. 정답 ②

해설 평생 교육에 대한 홍보가 부족하기 때문에 적극적으로 평생 교육 프로그램을 알리고 주민들의 참여를 높여야 한다고 했으므로 정답은 2번입니다.

47. 정답 ④

해설 평생 교육에는 지역 주민도 자유롭게 참여할 수 있고 수강료도 비교적 저렴한 편이라고 했기 때문에 정답은 4번입니다.

48번은 글의 목적을 고르는 문제
49번은 빈 칸에 들어갈 알맞은 표현을 고르는 문제
50번은 글의 내용과 같은 것을 고르는 문제

48. 정답 ②

해설 경범죄의 정의에 대해서 이야기하고 경범죄에 대해 경고하면서 경범죄를 저지르지 않도록 주의해야 한다고 했으므로 정답은 2번입니다.

단어 명 경범죄 명 제재 명 위법 동 규정되어 있다 명 불안감

49. 정답 ①

해설 앞서 일상생활에서 위법행위라고 생각하지 못했던 부분들에 대한 것도 있다고 했으므로 1번이 가장 알맞은 표현입니다.

50. 정답 ②

해설 경범죄도 범죄행위에 해당이 되는데 일상생활 속에서 위법한 행위라고 생각하지 못했던 부분들이 경범죄에 속할 수 있다고 했으므로 정답은 2번입니다.

문항번호	정답	문항번호	정답
1	①	26	①
2	④	27	③
3	④	28	②
4	①	29	①
5	②	30	③
6	③	31	①
7	④	32	②
8	②	33	③
9	③	34	④
10	②	35	①
11	①	36	②
12	①	37	④
13	②	38	③
14	④	39	①
15	②	40	②
16	①	41	④
17	②	42	③
18	③	43	①
19	③	44	①
20	②	45	③
21	①	46	②
22	②	47	③
23	④	48	①
24	①	49	④
25	④	50	①

51	㉠ : 신입 회원을 모집하고 있습니다.
	㉡ : 댄스를 한 번도 배워 본 경험이 없어서 걱정되시나요?
52	㉠ : 점점 인기가 많아지고 있다.
	㉡ : 정확한 정보를 확인해서 안전한 상품으로 다이어트를 하는 것이 중요하다.

53 아래 빈칸에 200자에서 300자 이내로 작문하십시오.(띄어쓰기 포함)
(Please write your answer below ; your answer must be between 200 and 300 letters includind space.)

	요	즘		노	인		인	구	가		늘	면	서		독	거	노	인		비	율	도		늘
고		있	다	.	20	00	년		한	국	의		독	거	노	인	은		16	%	였	는	데	,
10	년		뒤	인		20	10	년	에	는		17	.5	%	로		늘	었	고	,		20	20	년	에
는		20	%	로		대	폭		늘	어	났	다	.							
	독	거	노	인	이		겪	는		문	제	점	은		첫	째	,	가	족	으	로	부	터	
경	제	적		지	원	을		받	기		어	렵	다	.	둘	째	,	다	양	한		만	성	질
환	에		시	달	려		신	체	적	으	로		기	본	적	인		일	상	생	활	을		하
기		어	렵	다	.	셋	째	,	함	께		사	는		가	족	이		없	기		때	문	에
외	로	움	을		느	끼	는		등		정	신	건	강	도		취	약	하	다	.

54

아래 빈칸에 600자에서 700자 이내로 작문하시오. (띄어쓰기 포함).
(Please write your answer below; your answer must be between 600 and 700 letters including spaces.)

　　요즘 지구 온난화에 대한 이슈가 주목을 받고 있다. 이 글을 통해 지구 온난화의 문제점과 이것을 해결하기 위해서 어떤 노력을 해야 하는지에 대해 살펴보고자 한다.

　　그동안 지구 온난화에 대해 사람들이 해 왔던 노력을 알아보고자 한다. 첫째, 일회용 식기 사용을 줄이기 위해서 특별한 법을 만들었다. 둘째, 대기 오염을 줄이기 위해서 곳곳에 나무를 많이 심었다. 셋째, 시민 대상으로 설문조사를 실시하고 지구 온난화 문제를 해결하기 위한 해결책을 함께 찾는 노력을 했다.

　　그럼에도 불구하고 여전히 해결되지 않은 문제점은 다음과 같다. 첫째, 수많은 노력에도 불구하고 대기 오염이 여전히 심각하다. 둘째, 폐기물을 배출하는 공장이 늘고 있다. 셋째, 플라스틱 오염이 증가하고 있다.

　　앞으로 지구 온난화를 해결하기 위해 사람들이 해야 할 노력은 많이 있다. 먼저 일회용품 사용을 줄여야 한다. 또한 폐기물을 배출하는 공장에서는 먼저 폐기물을 잘 처리한 뒤에 배출하는 것이 중요하다. 마지막으로 자연 분해되는 플라스틱을 개발해 플라스틱으로 인한 오염을 줄여야 한다.

　　지금까지 지구 온난화의 문제점과 이것을 해결하기 위해 어떤 노력을 해야 하는지 살펴보았다. 앞으로도 우리 모두가 관심을 갖고 지구 온난화 문제를 해결할 수 있도록 적극 노력해야 할 것이다.

문항번호	정답	문항번호	정답
1	①	26	②
2	③	27	④
3	②	28	①
4	①	29	④
5	①	30	③
6	④	31	②
7	③	32	③
8	④	33	④
9	④	34	②
10	④	35	③
11	②	36	②
12	②	37	④
13	③	38	①
14	④	39	②
15	①	40	④
16	①	41	④
17	④	42	④
18	④	43	①
19	③	44	②
20	②	45	②
21	②	46	④
22	①	47	③
23	④	48	③
24	①	49	①
25	③	50	③

듣기 Listening

[1~3] **대화에 맞는 알맞은 그림 고르기**

1, 2번은 대화를 듣고 대화의 내용과 맞는 그림을 고르는 문제
3번은 오디오를 듣고 내용과 맞는 그래프를 고르는 문제

1. 남자 : 구름이 낀 걸 보니 곧 비가 올 것 같아요.
   여자 : 맞아요. 하늘이 너무 흐리네요.
   남자 : 그럼 얼른 이것을 걷고 내려갑시다. 비가 오기 전에 가는 게 좋겠어요.

   정답 ①
   해설 '이것을 걷고'라고 했으므로 집 옥상에서 빨래를 걷는 모습이 알맞습니다.

2. 남자 : 저, 이주미 씨 계신가요? 우편물이 왔는데요.
   여자 : 아, 대리님은 지금 회의 중이셔서 자리를 비우셨어요. 이쪽 자리에 놔 주시겠어요?
   남자 : 네, 알겠습니다. 그럼 여기 서명 좀 해 주세요.

   정답 ④
   해설 남자가 우편물이 왔다고 했고 우편물의 주인을 찾았습니다. 여자는 우편물의 주인이 잠시 자리를 비웠다고 하면서 우편물을 놓을 자리를 안내하고 있으므로 4번이 정답입니다.

3. 남자 : 실제로 한국인 한 사람당 1년에 350잔 넘게 커피를 마신다는 통계가 있는데요. 세계인 평균보다 3배 정도 많은 수준이라고 합니다. 그 결과 커피 수입액도 지난 5년간 꾸준하게 증가했고요. 우리 돈으로 1조 7천억 원이 넘는 수준입니다. 그런데 올해는 상황이 좀 달라지고 있다고 합니다. 지난해 같은 기간과 비교하면 수입액 기준 10% 정도 감소했습니다. 올해 커피 수입 규모가 5년 만에 처음으로 줄어들게 될 수도 있는 겁니다.

   정답 ④
   해설 남자는 실제로 한국인 한 사람당 1년에 350잔 넘게 커피를 마신다고 했고 세계인 평균의 3배 정도 많은 수준이라고 했습니다. 커피 수입액도 지난 5년간 꾸준히 늘었으나 올해 처음으로 감소했다고 했으므로 답은 4번입니다.
   단어 명 통계 명 수입액 명 수입 규모

[4~8] **이어지는 말 고르기 (대화)**

여자와 남자의 대화를 듣고 마지막 대화에 이어질 말을 고르는 문제

4. 여자: 불꽃 축제가 시작하기 한 시간 전인데요. 먼저 밥을 먹고 오면 어떨까요?
   남자: 지금 줄이 너무 길어서 움직이지 못할 것 같아요. 식당을 가기는 좀 어려울 것 같은데요.
   여자: _____

   정답 ①
   해설 여자는 밥을 먹고 싶어했고 남자는 식당에 가기에는 좀 어려울 것 같다고 했습니다. 그러므로 편의점에라도 가서 간단한 음식을 사자는 제안을 하는 1번이 정답입니다.
   단어 명 불꽃 축제

5. 남자: 수민 씨, 추석 잘 보냈어요? 어땠어요?
   여자: 추석에 진짜 너무 힘들었어요. 친척들이 와서 계속 결혼은 언제 하냐고 물어보는 거예요.
   남자: _____

   정답 ②
   해설 여자는 추석에 만난 가족들 때문에 힘들었다고 말하고 있으므로 위로의 말을 건네는 게 알맞습니다.

6. 남자: 팀장님, 인터넷으로 뭘 보고 계세요?
   여자: 아, 제 마우스가 고장이 나서요. 이번 기회에 좋은 걸로 하나 장만하려고요.
   남자: _____

   정답 ③
   해설 여자는 마우스가 고장이 났다고 하고 새로운 것을 사고 싶다고 말하고 있기 때문에 남자가 제안을 하는 것이 알맞습니다. 그러므로 3번이 정답입니다.

7. 남자: 이번에 한국에 오니까 어때요? 시차는 잘 적응했어요?
   여자: 네, 덕분에요. 한국에 온 기념으로 오늘 저녁에 다 같이 모이려고 하는데 시간이 어떠세요?
   남자: _____

   정답 ④
   해설 여자는 한국에 온 기념으로 다 같이 만나고 싶다는 뜻을 전했고 시간이 괜찮은지를 묻고 있기 때문에 4번이 가장 알맞은 답입니다.
   단어 명 시차

8. 여자: 선생님, 오늘 행사 준비가 다 끝났나요?
   남자: 네, 참가 부스도 미리 준비해 놨고 필요한 물품도 가져다 두었어요.
   여자: _____

   정답 ②
   해설 여자는 남자에게 오늘 행사 준비를 다 했는지 물어봤고 남자는 준비가 되었다고 답했기 때문에 2번이 가장 알맞은 답입니다.
   단어 명 참가 부스

[9~12] **여자가 이어질 행동 고르기 (대화)**

여자와 남자의 대화를 듣고 마지막 대화에 이어질 여자의 행동을 고르는 문제

9. 남자: 덕분에 점심 잘 먹었어요. 커피는 제가 살게요.
   여자: 감사합니다. 그럼 모두 저한테 원하는 커피 메뉴를 알려 주세요.
   남자: 아, 이미 아메리카노로 통일하기로 했어요. 지금 커피숍에 가서 바로 주문해 주시겠어요?
   여자: 네, 지금 가 볼게요.

   정답 ③
   해설 남자가 커피를 사 주겠다고 했고 여자가 메뉴를 조사한다고 했습니다. 남자는 다시 메뉴는 정해져 있다고 말한 뒤에 여자에게 커피숍에 가서 커피를 주문해 줄 것을 요청했기 때문에 정답은 3번입니다.
   단어 동 통일하다

10. 남자: 이 전단지 홍보하는 것을 좀 도와주시겠어요?
    여자: 그럼요. 밖에 나가서 사람들에게 좀 나눠 줄까요?
    남자: 네, 좋아요. 아, 그런데 먼저 전화번호를 수정해야겠어요. 전단지에 이 스티커를 붙여서 수정해 줄 수 있나요?
    여자: 네, 그렇게 할게요.

    정답 ②
    해설 남자는 전단지를 홍보하는 것을 도와 달라고 했지만 먼저 전화번호를 수정해야겠다고 말했습니다. 그러므로 2번 전단지의 정보를 수정한다가 알맞은 답입니다.

11. 여자: 집에 의자를 몇 개 사고 싶은데 가격이 많이 비싸졌네요.
    남자: 온라인 중고 장터 앱을 이용해 보면 어때요? 동네 주민들이 쓰던 물건을 저렴하게 판매하더라고요.
    여자: 아, 그래요? 진영 씨도 이용해 봤어요?
    남자: 당연하죠. 저는 거기에서 옷을 자주 사요. 검색하는 방법을 알려 드릴게요. 잠시만요.

    정답 ①
    해설 남자는 여자에게 온라인 중고 장터 앱을 이용해서 의자를 구매할 것을 제안했고, 검색하는 방법을 알려준다고 했으므로 1번이 가장 알맞은 답입니다.

    단어 명 중고 장터

12. 여자: 오늘 비가 너무 많이 와서 행사가 취소됐다고 해요.
    남자: 아, 그래요? 그럼 오늘 티켓을 다른 날에도 사용할 수 있는지 알아봐 주시겠어요?
    여자: 네, 그럼 운영 사무실에 전화해서 물어보겠습니다.
    남자: 그리고 사용할 수 있다고 하면 직원들에게 날짜를 다시 공지해 주세요.

    정답 ①
    해설 남자는 여자에게 비 때문에 취소된 행사에 대해 티켓을 다시 사용할 수 있는지를 물었고 여자가 운영 사무실에 전화해서 물어보겠다고 했으므로 1번이 정답입니다.

[13~16] 대화의 내용과 같은 것 고르기

대화를 듣고 대화의 내용과 같은 보기의 지문을 고르는 문제

13. (대화)
    여자: 이번에 당일 예약이 가능한 미용실을 알아보려고 해요.
    남자: 머리를 자르려고요? 염색이나 파마도 할 거예요?
    여자: 지난번에 염색을 해 봤는데 저한테는 안 어울리는 것 같아요. 이번에는 자르기만 할 거예요.
    남자: 그럼 명동에 제가 가는 미용실 전화번호를 알려 줄까요? 거기에서 머리를 잘랐는데 진짜 괜찮았어요.

    정답 ②
    해설 여자가 머리를 자르고 싶다고 했고 예전에 염색을 해 본 적이 있지만 어울리지 않는 것 같았다고 말했습니다. 남자가 자신이 가는 명동 미용실의 전화번호를 알려 준다고 했기 때문에 정답은 2번입니다.

14. (뉴스 기사)
    여자: 2002년부터 전 세계적으로 인기를 끌었던 '다크 핑크'가 이번 서울 공연을 마지막으로 여러분에게 굿바이 인사를 전한다고 합니다. 오는 10월 13일에 열리는 이 콘서트의 수익금은 전액 불우한 이웃을 돕기 위해 기부될 예정입니다. 콘서트 티켓은 인터넷 홈페이지를 통해 구매하실 수 있고 선착순이기 때문에 구매를 원하시는 분들은 서둘러 주셔야 직접 '다크 핑크'의 공연을 관람하실 수 있습니다.

    정답 ④
    해설 2002년부터 활동했던 '다크 핑크'가 10월 13일에 마지막 콘서트를 한다고 했고 콘서트의 수익금을 전액 기부한다고 했습니다. 콘서트의 티켓을 사기 위해서는 인터넷 홈페이지를 이용해야 한다고 했으므로 정답은 4번입니다.

    단어 명 불우한 이웃 명 선착순 명 관람

15. (뉴스 기사)
    남자: 다음 뉴스입니다. 한국이 급속한 고령화로 2050년 세계에서 가장 늙은 국가가 될 것이라는 전망이 나왔습니다. 미국 일간 뉴욕타임스는 유엔의 발표를 인용해 2050년 한국이 홍콩에 이어 세계에서 가장 고령화된 국가가 될 것으로 예상했습니다. 뉴욕타임스는 '한국의 2050년 노인 수가 생산 가능인구와 거의 비슷해질 것'이라며 생산 가능인구 4명당 65세 이상 노인 수가 3명에 이를 것으로 분석했습니다. 현재 가장 고령화된 국가인 일본은 올해 기준 생산 가능인구 2명당 65세 이상 노인 수가 1명 이상입니다.

    정답 ②
    해설 2050년에는 한국이 세계에서 가장 고령화된 국가라고 했고 현재는 일본이 가장 고령화된 국가라고 말했습니다. 2050년에는 노인 수와 생산 가능인구 수가 거의 비슷해질 것이라고 했기 때문에 2번이 정답입니다.

    단어 명 고령화 명 생산 가능인구

16. (인터뷰)
    남자: 교수님께서는 그동안 외로움에 대한 강연을 많이 해오셨는데 그러면 이 외로움을 극복하기 위해서 어떤 노력을 해야 할까요?
    여자: 저는 외로움은 당뇨 같은 거라고 생각합니다. 반드시 꾸준히 관리해야 하는 질환인 거죠. 외로움은 다르게 말하면 비자발적인 고립감이라고 할 수 있는데 전염성도 있습니다. 지속적으로 외로운 감정이 반복된다면 고립감을 느끼기가 더 쉽습니다. 그래서 영국에는 외로움 장관이 일본에는 고독 장관이라는 것이 있다고 합니다.

    정답 ①
    해설 외로움은 당뇨처럼 꾸준히 관리해야 하는 질환이라고 말했고 영국과 일본에 각각 외로움 장관, 고독 장관이 있다고 말했기 때문에 정답은 1번입니다.

    단어 명 당뇨 명 질환 형 비자발적 명 고립감 명 장관 명 고독

대화 내용을 듣고 남자가 말하는 내용의 중심 생각을 고르는 문제

17. (대화)
남자: 여보, 우리가 그동안 너무 바쁘게 살아왔던 것 같아요. 앞으로 우리 둘만의 시간을 더 자주 보내면 어때요?
여자: 저도 동의해요. 요즘 너무 바빠서 당신과 같이 보내는 시간이 줄어드니까 마음의 여유도 더 없어지는 것 같아요.
남자: 그래요. 그럼 우리가 매달 여행을 가면 어때요? 바쁘게 사는 것도 좋지만 적당한 휴식이 있어야 일의 능률도 올라가는 법이니까요.

정답 ②
해설 남자는 그동안 바쁘게 살아왔던 것에 대해 이야기하고 여행을 함께 가자는 제안을 합니다. 적당히 쉬어야 일의 능률도 올릴 수 있다고 했으므로 2번이 알맞은 답입니다.
단어 명 일의 능률

18. (대화)
남자: 장그래 씨, 이번 신입사원 신체검사 했나요?
여자: 아, 미리 병원을 예약하고 갔어야 했는데 회의 준비 때문에 쉬지를 못해서 못 갔습니다.
남자: 그래요? 그럼 이번 주 수요일쯤 휴가를 신청하고 병원에 다녀오도록 해요. 일에 집중하는 것도 중요하지만 회사의 절차에 충실히 임하는 것도 중요하니까요.

정답 ③
해설 신입사원이 회사의 절차인 신체검사를 일 때문에 미뤘다는 답변에 휴가를 내서라도 병원에 다녀오라고 말했습니다. 일도 중요하지만 회사의 절차를 따르는 것도 중요하다고 했으므로 3번이 정답입니다.
단어 명 절차 부 충실히 동 임하다

19. (토론)
여자: 아이 성향을 고려하지 않은 조기교육은 문제가 많다고 해요.
남자: 그렇긴 하죠. 하지만 좋은 점도 있어요. 외국어의 경우 일찍부터 배워야 더 정확하게 습득할 수 있다고 하잖아요.
여자: 그런데 일찍부터 사교육을 많이 경험한 아이들은 그렇지 않은 아이에 비해 우울증과 스트레스 증후군이 나타날 확률이 높대요. 자존감도 떨어질 수 있고요.
남자: 그렇긴 하지만 분야에 따라 다르게 판단해야 할 필요도 있는 것 같아요.

정답 ③
해설 아이의 성향을 고려하지 않은 조기교육이 문제가 많다고 여자가 말하자, 남자는 좋은 점도 있다고 말합니다. 특히 외국어를 일찍부터 배워야 한다고 했기 때문에 정답은 3번입니다.
단어 명 사교육 명 증후군 명 자존감

20. (인터뷰)
여자: 어떤 직업윤리가 중요하고 그것이 왜 중요하다고 생각하나요?
남자: 특별히 공기업에서 직업윤리에 대해 개념을 잘 정의하는 것이 중요합니다. 특별히 독점 기업의 경우 한 명이 가지고 있는 권한이 많기 때문에 어떤 직업윤리를 가지고 있느냐가 중요해지죠. 그렇지 않으면 불미스러운 일이 생길 수도 있으니까요. 특별히 정직이나 원칙 중심의 태도가 직업윤리에 가장 중요한 요소입니다.

정답 ②
해설 직업윤리의 개념을 정리하는 것을 통해 불미스러운 일이 생기는 것을 막을 수 있다고 했고 특별히 공기업에서 더욱 중요한 개념이라고 했기 때문에 정답은 2번입니다.
단어 명 직업윤리 명 공기업 명 독점 기업 명 권한 형 불미스러운

21번은 대화를 듣고 남자의 중심 생각과 일치하는 보기를 고르는 문제
22번은 대화를 듣고 대화의 내용과 일치하는 내용을 고르는 문제.

여자: 천재는 만들어지는 것이라고 생각하나요?
남자: 1965년 헝가리에서 한 남자가 실험을 계획했습니다. 자신의 아이들을 천재로 기를 수 있다는 가설을 세웠어요. 아이들이 태어나기 전부터 온 집안을 체스 게임을 할 수 있는 환경으로 만들어 놓았더니 그 후에 태어난 세 아이 모두 체스 게임에서 아주 어린 나이에 우수한 성적을 거두게 됩니다. 그래서 천재는 태어나기 전부터 결정되는 것이 아니라 태어난 이후에 환경에 의해 결정되는 것이라는 주장에 더욱 힘이 실린 거죠. 아이들이 보통 부모님을 모방하기 때문에 부모는 아이의 거울이라는 말이 있습니다. 그렇듯 천재가 되려면 환경이 더욱 중요해지고 바람직한 행동을 하는 친구들과 사귈수록 스스로도 발전하기 쉽습니다.

단어 명 가설 명 모방

21. 정답 ①
해설 남자는 헝가리에서 했던 실험을 예로 들면서 천재가 만들어지는 것이라고 말합니다. 환경이 그 사람을 재탄생시킬 수 있다는 내용을 얘기했으므로 정답은 1번입니다.

22. 정답 ②
해설 남자는 천재가 태어나기 전부터 결정되는 것이 아니라 태어난 후에 어떤 환경에 노출되었는지에 따라 결정되는 것이라고 말합니다. 또한 부모는 아이의 거울이라는 표현을 쓰면서 주변 사람들에게 크게 영향을 받는다는 점도 설명하고 있으므로 정답은 2번입니다.

[23~24] 두 사람이 하는 대화를 듣고 질문 두 개에 답하기 (인터뷰)

23번은 대화를 듣고 여자가 무엇을 하고 있는지 고르는 문제
24번은 들은 내용과 같은 것을 고르는 문제

남자: 안녕하세요. 이번에 출시한 크림이 누적 판매 100만 개를 달성했다고 들었어요. 축하드립니다.

여자: 네, 감사합니다. 그동안 이 제품을 위해서 밤낮으로 연구에 매진한 보람이 있네요.

남자: 그럼 이 제품에 대해서 고객 여러분께 본격적으로 홍보해 주시겠어요?

여자: 이 제품은 포장박스부터 특별합니다. 제품의 특징을 잘 나타내는 보라색 박스를 열어 보시면 탄력 크림과 콜라겐 세럼이 들어 있습니다. 이 제품은 이번 누적 판매 100만 개 달성 기념으로 특별 기획된 제품인데요. 50% 할인 가격인 5만 원에 판매하고 있습니다. 이 탄력 크림은 발랐을 때 영양감이 바로 느껴지고요. 자기 전에 듬뿍 바르고 숙면을 취하면 다음날 아침에 바로 탄탄한 피부를 느끼실 수 있습니다.

단어 부 본격적으로 명 누적 판매 명 영양감 명 숙면 명 탄탄한 피부

23. 정답 ④

해설 남자가 제품에 대해서 고객에게 홍보를 부탁하자 여자는 이 제품에 대한 특징과 특별 가격에 대해 안내하고 있으므로 정답은 4번입니다.

24. 정답 ①

해설 특별 기획된 제품을 50% 할인된 가격으로 판매하고 있다고 했으므로 정답은 1번입니다.

[25~26] 두 사람이 하는 대화를 듣고 질문 두 개에 답하기 (인터뷰)

25번은 대화를 듣고 여자가 무엇을 하고 있는지 고르는 문제
26번은 들은 내용과 같은 것을 고르는 문제

남자: 안녕하세요. 오늘 특별히 자리에 모시게 되었습니다. 그동안 국가대표로서 어떻게 경기를 준비하셨는지 말씀해 주시겠어요?

여자: 해외에서 경기를 치르고 지난주 토요일에 귀국했습니다. 곧 추석 연휴인데 저는 여전히 매일 운동을 하고 있어요. 연휴까지 반납한 채로 다시 다음 주에 있는 전국체전을 준비하고 있습니다. 경기가 있는 날에는 도핑 테스트를 하는데 그것을 해야 저의 기록이 인정되고요. 경기 중에는 감정 컨트롤을 하는 것이 무엇보다 중요합니다. 다른 나라에서 전지훈련을 받는 것이 정말 큰 도움이 되었는데요 새벽에 일어나자마자 수영장에 가서 수영을 한 뒤 다양한 전문가에게 지도를 받는 경험이 실력 향상에 도움이 되었고 그동안 접해 보지 못한 다양한 훈련을 받는 것이 효과가 있었습니다.

단어 명 연휴 명 반납 명 전국체전 명 도핑 테스트 명 전지훈련 동 접해 보다

25. 정답 ④

해설 남자가 여자를 인터뷰하고 있고 여자는 그동안 자신이 해 왔던 노력과 국가대표 수영선수로서 훈련 내용을 공유하고 있습니다. 그러므로 정답은 4번입니다.

26. 정답 ①

해설 국가대표 수영선수로서 다양한 방식으로 다양한 전문가에게 지도를 받는 것이 실력 향상에 도움이 된다고 했고 경기가 있는 날 도핑 테스트를 받아야 기록이 인정된다고 했으므로 정답은 1번입니다.

[27~28] 두 사람이 하는 대화를 듣고 질문 두 개에 답하기 (토론)

27번은 대화 중 남자가 말하는 내용의 의도를 고르는 문제.
28번은 들은 내용과 같은 것을 고르는 문제.

여자: 금리가 상승하면서 가계 대출 이자 부담이 늘어나서 집값도 많이 하락한 상태인데요.

남자: 맞습니다. 그런데 앞으로도 집값이 계속 폭락할 거라고 예측하는 분들이 많은데 저는 반대 의견을 가지고 있습니다. 인구 고령화가 진행된다고 해서 집값이 전체적으로 모두 하락하는 것이 아니라 집값의 양극화가 일어나는 것이죠.

여자: 집값의 양극화요? 사람들에게 인기 있는 지역은 더욱 가격이 올라가고 그렇지 않은 지역은 가격이 더 하락할 거라는 말씀이신가요?

남자: 네, 그렇습니다. 인구가 감소한다고 해서 무조건 모든 집값이 하락하는 것이 아니라 여전히 인기가 높은 지역은 집값이 상승할 수도 있는 거지요. 그렇기 때문에 미래에 대해 정확한 판단을 하는 것이 무엇보다 중요합니다.

단어 명 금리 명 가계 대출 명 양극화

27. 정답 ③

해설 집값 하락에 대한 주제로 여자와 남자가 대화를 하고 있습니다. 남자는 집값이 무조건 폭락하는 것이 아니라 양극화가 심해질 것이라고 말하면서 지역별로 다른 현상이 있을 수 있다고 말합니다. 그렇기 때문에 미래에 대한 정확한 판단이 중요하다고 했으므로 정답은 3번입니다.

28. 정답 ②

해설 인구 감소 문제로 인해 집값이 떨어질 것이라고 말하는 사람들의 의견에 남자는 반대 의견을 제시하고 있습니다. 인기가 있는 지역은 집 가격이 상승하고 그렇지 않은 지역은 가격이 더 떨어질 수도 있다고 말하고 있으므로 정답은 2번입니다.

29번은 여자가 누구인지 고르는 문제
30번은 들은 내용과 같은 것을 고르는 문제

여자: 이렇게 창문이 없는 집에서 계속 생활하셨던 거예요?
남자: 네, 그렇죠. 갑작스럽게 저희 가족에 힘든 일이 찾아오면서 이 집으로 이사해야 했어요. 이 작은 집에 저희 식구 4명이 살고 있어요.
여자: 지금 가장 필요한 건 어떤 건가요? 이번에 행복 자치센터에서 어려운 상황에 처한 분들을 도와주려고 해요.
남자: 가장 어려운 건 집입니다. 창문이 없으니까 낮이든 밤이든 너무 어두워요. 천장도 얇아서 비가 오면 자주 물이 샙니다. 4식구가 한 방에서 같이 생활해야 하니까 아무래도 공간도 너무 좁고요.

단어 명 행복 자치센터 명 천장 통 물이 새다

29. 정답 ①
해설 여자가 남자에게 가장 어려운 것이 무엇인지 물었고 남자는 주거 환경이 가장 어려운 부분이라고 말하고 있습니다. 여자는 행복 자치센터에서 도움을 줄 수 있다고 말하고 있으므로 정답은 1번입니다.

30. 정답 ③
해설 여자가 남자의 상황을 물었고 남자는 식구 4명이 살고 있다고 했으므로 남자의 가족은 남자 포함 총 4명입니다. 여자가 남자의 상황을 파악하고 있고 행복 자치센터에서 어려운 상황에 처한 분들을 도와주고 있다고 말하는 것으로 보아 정답은 3번입니다.

31번은 남자의 중심 생각을 고르는 문제
32번은 남자가 말하는 태도로 알맞은 것을 고르는 문제

여자: 요즘 청년 실업률이 높아지면서 일하지 않는 청년들이 많아졌어요.
남자: 맞아요. 양질의 일자리가 많지 않다 보니 졸업을 하고도 취직을 하지 않고 취업 준비 기간을 오래 갖는 청년들이 많은데 그러한 청년들에게 정부가 지원금을 주고 있으니 다행이에요.
여자: 네, 그렇긴 하지만 언제까지 정부가 지원해 줄 수는 없는 노릇이잖아요. 청년들이 적극적으로 일자리를 찾고 지원금도 좀 줄여야 한다고 생각해요.
남자: 저는 좀 다른 의견이에요. 요즘 사회가 너무 복잡해지고 경쟁도 더 치열해졌기 때문에 안정적인 일자리를 찾을 때까지 청년들에게 정부가 적극 지원해 주는 게 맞는다고 생각해요.

단어 명 청년 실업률 명 양질 명 노릇

31. 정답 ①
해설 남자는 정부가 청년들을 지원하고 있는 지금의 정책을 지지하는 의견입니다. 취직이 더욱 어려워지고 있으므로 청년들을 지원해 줘야 한다고 했기 때문에 정답은 1번입니다.

32. 정답 ②
해설 남자는 여자의 의견과 반대되는 의견을 말하면서 자신의 주장에 대한 근거를 제시하고 있기 때문에 정답은 2번입니다.

33번은 남자가 무엇에 대해 말하고 있는지 고르는 문제
34번은 들은 내용과 같은 것을 고르는 문제

남자: 요즘 젊은 층 사이에서는 탕후루라는 간식이 한국에서 유행입니다. 탕후루란 딸기나 귤, 샤인 머스캣과 같은 과일 꼬치에 설탕 코팅을 입혀 만든 간식인데요. 가격은 1꼬치에 3,000원 정도입니다. 코로나19 팬데믹 시기에 집에 머무르는 시간이 많아지면서 탕후루를 직접 만들어 먹는 영상이 유튜브를 통해 인기를 끌면서 탕후루 열풍이 시작됐습니다. 이러한 탕후루 열풍에는 걱정의 목소리도 많은데요. 설탕 과다 섭취로 인한 사람들의 건강 문제에 대한 우려가 나오고 있다고 합니다. 또한 탕후루를 먹고 나서 꼬치나 종이컵을 길가에 함부로 버리는 쓰레기 문제도 심각하다고 해요. 전문가들은 또한 당뇨와 단맛 중독에 주의해야 한다고 경고했습니다.

단어 명 과일 꼬치 명 코팅 명 열풍 명 당뇨 명 단맛 중독

33. 정답 ③
해설 남자는 탕후루라는 간식의 열풍에 대해 이야기하면서 코로나19 팬데믹으로 인해 이 간식이 유행하게 되었다는 얘기와 걱정의 목소리에 대해 이야기하고 있으므로 정답은 3번입니다.

34. 정답 ④
해설 탕후루는 과일 꼬치에 설탕 코팅을 입혀 만들었기 때문에 당뇨와 단맛 중독에 주의해야 한다는 전문가의 경고가 있었으므로 정답은 4번입니다.

35번은 남자가 무엇을 하고 있는지 고르는 문제
36번은 들은 내용과 같은 것을 고르는 문제

남자: 혹시 일회용 컵 보증금제에 대해서 들어보셨나요? 얼마 전부터 제주도와 세종시의 카페에서 텀블러 없이 음료를 테이크아웃하면 일회용 컵 보증금으로 300원을 더 내도록 한 겁니다. 그런데 최근에 이 시스템을 전국에 도입하려던 계획이 사실상 무산됐다고 해요. 일회용 컵 보증금제는 카페 등에서 일회용 컵을 살 때 보증금 300원을 내고, 나중에 컵을 잘 반납하면 보증금 전액을 돌려받는 제도인데요. 사실 이 제도가 2002년에 우리나라에서 처음 시행된 적이 있었죠. 전 세계 최초로 시행됐는데 당시의 일회용 컵 회수율은 고작 37%에 불과했다고 합니다.

단어 명 보증금제 명 텀블러 명 반납 통 시행되다

35. 정답 ①
해설 남자는 일회용 컵 보증금제라는 새롭게 시행된 제도에 대해서 설명하고 어떻게 전개되고 있는지 이야기하고 있으므로 정답은 1번입니다.

36. 정답 ②
해설 일회용 컵 보증금제란 카페에서 일회용 컵을 빌리면서 낸 보증금을 이 컵을 반납하면 돌려주는 제도이다.

37번은 여자가 말하는 내용의 중심 생각을 고르는 문제
38번은 들은 내용과 같은 것을 고르는 문제

남자: 지금까지 선생님이 만났던 유명한 자산가들이 공통적으로 말하는 인상적인 자산 관리 비법 2가지가 있다면 무엇이었나요?
여자: 첫 번째는 자신의 돈을 다른 사람이 대신 관리하게 하면 안 된다는 거였습니다. 제가 아는 어떤 유명한 자산가 한 명은 매일 아침 통장 내역을 확인합니다. 때로 사람들은 돈을 벌기만 하고 제대로 관리하지 않죠. 자신의 빚과 신용 카드 사용내역을 살펴보는 것은 정말 중요합니다. 두 번째는 우리는 돈을 투자한 곳에 관심을 가진다는 겁니다. 많은 사람들은 공짜로 무언가를 하기를 원합니다. 그러나 돈을 투자하지 않은 곳에 사람들은 신경을 잘 안 쓰게 된다는 겁니다. 그래서 돈을 관리하고 쓸 때에는 신중해야 합니다.

단어 명 자산가 명 빚

37. 정답 ④
해설 여자는 자산가들의 자산 관리 비법에 대해 이야기하면서 자신의 돈을 직접 관리하고 돈을 투자한 곳에 관심을 갖게 되므로 돈을 잘 관리하고 신중하게 써야 한다고 했으므로 정답은 4번입니다.

38. 정답 ③
해설 자산을 잘 관리하기 위해서 빚이나 신용카드 사용내역을 살펴보는 것이 중요하다고 했으므로 정답은 3번입니다.

39번은 이 대화의 전 내용을 유추하여 고르는 문제
40번은 들은 내용과 같은 것을 고르는 문제

여자 : 그렇다면 이러한 바다숲에 대해 조금 더 자세히 설명해 주실 수 있으실까요?
남자 : 네, 우선 바다에서 미역이나 다시마 등이 숲처럼 잘 자라는 곳을 바다숲이라고 하는데 요즘에는 반대로 이것이 사라지면서 바닷속이 사막화가 되어 가고 있습니다. 앞서 말씀드린 바다 숲에 있는 미역이나 다시마 등 바다 풀이 사라지고 바다에 오염물질이 들어오거나 이산화탄소 등으로 인해 바다가 산성화되고 있는 거죠. 이대로라면 2060년에는 우리나라 바다 전체가 사막화를 겪을 거라고 하고요. 이렇게 바다풀이 사라진 자리에는 백화현상도 일어나는데요. 바다 풀과 공생하던 산호가 죽으면서 생기는 탄산칼슘이 바다의 돌들을 하얗게 뒤덮는 것을 말합니다. 이것 또한 바닷물의 온도가 올라가서 생기는 현상입니다. 이대로라면 약 10년 후에는 전 세계 산호초의 절반이 사라질 수도 있다고 하고요.

단어 명 사막화 명 오염물질 명 이산화탄소 명 산성화 명 백화현상 명 탄산칼슘 명 산호초

39. 정답 ①
해설 이 대화 전의 내용으로 알맞은 내용을 고르는 문제에서는 첫 번째 문장이 제일 중요합니다. 여자가 '그렇다면 이런 바다숲에 대해 조금 더 자세히 설명해 주실 수 있으실까요?'라고 했기 때문에 남자가 바다숲에 대해 설명한 내용이 나왔다는 것을 추측할 수 있습니다. 따라서 정답은 1번입니다.

40. 정답 ②
해설 미역이나 다시마가 숲처럼 잘 자라는 곳을 바다숲이라고 한다고 했으므로 정답은 2번입니다.

41번은 강연의 중심 내용을 고르는 문제
42번은 들은 내용과 같은 것을 고르는 문제

여자 : 지금으로부터 약 400만 년 전에 오스트랄로 피테쿠스라는 최초의 인류가 탄생합니다. 오스트랄로 피테쿠스는 자신보다 몸집이 훨씬 작은 동물을 잡는 것조차 쉽지 않아서 결국 열매를 채집했다고 합니다. 밤이 되면 다시 해가 뜰 때까지 맹수들의 습격을 받을까 두려움에 벌벌 떨었다고 합니다. 정말 놀라운 건 이 오스트랄로 피테쿠스 때부터 인류가 위험에 처하는 순간이 오면 하나같이 이 행동을 했다고 하는데요. 신에게 자신의 생존과 안전을 위해 간절히 비는 것이었죠. 그들은 신의 존재를 예견했고 신에 대한 생각은 유인원에 가까웠던 태초의 순간부터 이집트 문명까지 계속되었습니다. 수 세기가 지난 현재에는 과학이 발달함에 따라 신의 뜻이라고 믿었던 현상들을 단순한 과학적인 현상일 뿐이라고 주장하게 되었는데요. 그러나 몇몇 과학자들은 신의 존재를 인정하기 시작합니다. 그중 르메트르라는 과학자는 우주가 한 점에서 시작해 팽창해 오고 있다는 주장을 하기도 했죠.

단어 명 오스트랄로 피테쿠스 명 인류 명 채집 명 맹수 명 유인원 명 예견 명 팽창

41. 정답 ④
해설 최초의 인류인 오스트랄 로피테쿠스가 탄생했을 때부터 초월적 존재에게 자신의 생존에 대해 빌기 시작했고, 과학이 발달했지만 여전히 몇몇 과학자들은 신의 존재를 인정했다고 했으므로 정답은 4번입니다.

42. 정답 ③
해설 신의 존재를 예견했던 유인원부터 이집트 문명에 이르기까지 신에 대한 생각이 계속되었다고 했으므로 정답은 3번입니다.

43번은 무엇에 대한 내용인지 고르는 문제
44번은 빛의 응축 현상이 발생했을 때의 상황과 같은 것을 고르는 문제

여자 : 보통 우리가 피스톤에 공기를 압축시킬 때 실린더 안에 공기를 넣고 누르면 보일의 법칙에 따라 그 안의 압력이 늘어나게 됩니다. 공기 분자들이 내부에서 엄청나게 빠른 속도로 돌아다니면서 피스톤 내부의 벽을 계속 치기 때문입니다. 반면에 빛은 보존인데 보존 원자들은 영하 273.15도에서 신기한 힘을 발휘하게 됩니다. 극저온의 상태에서 빛과 같은 보존 원자들이 흡사 하나의 거대한 양자 파동처럼 행동하는 상태가 있는데 그것을 보스 아인슈타인 응축이라고 합니다. 이때 두 개의 거울 안에 빛을 채우고 압력을 높였는데 압축률이 높아지는 현상이 나타났습니다. 이것은 공기를 압축시킬 때 압축률이 점점 낮아지는 것과는 정반대의 현상인 거죠. 내부에 빛의 양이 늘어나고 빛의 응축 현상이 발생하면 이 빛들이 가운데로 몰리게 됩니다.

단어 명 피스톤 명 실린더 명 보일의 법칙 명 보존 명 원자 명 극저온 부 흡사 명 양자 파동 명 압축률 명 응축 현상

43. 정답 ①

해설 이 글에서는 공기가 가진 성질을 이야기한 후에 빛의 성질을 얘기하면서 두 가지의 특징을 비교하여 설명했습니다. 따라서 정답은 1번입니다.

44. 정답 ①

해설 본문에서는 빛의 응축 현상이 발생하면 빛들이 가운데로 몰린다고 했으므로 정답은 1번입니다.

45번은 들은 내용과 같은 것을 고르는 문제
46번은 여자가 말하는 방식을 고르는 문제

여자 : 지난해 옥외광고물 법이 바뀌었습니다. 정치 현수막은 원래 지방자치단체의 허락을 받아서 정해진 곳에만 설치할 수 있었는데요. 이 법이 개정되어 15일 동안 허가나 신고 없이 자유롭게 걸 수 있도록 한 겁니다. 개수나 장소 제한도 없어졌고요. 그 때문에 이러한 현수막 관련 민원이 빗발치게 되었지만 눈살이 찌푸려지는 문구의 현수막일지라도 보름이 지나야만 수거해 갈 수 있는 겁니다. 이로 인해 정부가 정당 현수막 설치 및 관리 가이드라인 개정안을 마련했지만 법적인 강제력이 없다 보니 잘 지켜지지 않았고요. 시민들은 이 무분별한 정치 현수막에 대해서 정신적 피로감을 들게 한다는 의견을 냈고 현수막이 너무 많아서 운전자나 보행자의 시야에 사각지대를 만든다는 지적도 있었습니다. 이로 인해 앞으로는 현수막 대신 대형 뉴스 칸으로 업데이트를 하는 방식을 추진하자는 의견도 나왔습니다. 그렇게 하면 버려지는 현수막으로 생기는 환경 문제도 예방할 수 있다는 거죠.

단어 명 옥외광고물법 명 현수막 명 눈살 명 강제력 형 무분별한 명 사각지대

45. 정답 ③

해설 현수막이 너무 많아서 운전자나 보행자의 시야에 사각 지대가 생기는 경우도 있다고 했으므로 정답은 3번 입니다.

46. 정답 ②

해설 여자는 정치 현수막 게시의 바뀐 기준에 대해 이야기하면서 최근 이슈가 되고 있는 점과 사람들이 어떤 반응을 보이고 있는지 설명하고 있으므로 정답은 2번입니다.

47번은 들은 내용과 같은 것을 고르는 문제
48번은 남자가 말하는 방식을 고르는 문제

여자 : 사진 여러 장을 인공지능으로 조합해 연예인 프로필 사진처럼 만들어주는 모바일 사진 편집 서비스가 인기인데요. 이에 따른 문제점도 발생하고 있다면서요?

남자 : 최근 인공지능을 활용해 연예인 프로필 같은 사진을 만들어 주는 휴대전화 애플리케이션이 젊은 층 사이에서 인기를 얻고 있는데요. 정부의 금지 방침에도 이렇게 만든 인공지능 프로필 사진을 신분증에 쓰게 해달라는 민원이 이어지고 있습니다. 특히 대학가 인근의 한 행정복지센터에서 벌써 몇 달째 매일같이 인공지능 프로필 사진으로 주민등록증 재발급 민원이 이어지고 있습니다. 실물보다 미화되는 탓에 정부는 이러한 사진을 신분증 증명사진으로 사용을 금지했지만 한 센터에서만 이러한 인공지능 프로필 사진을 첨부한 신분증 재발급 신청서가 하루 네댓 건 접수되고 있습니다. 30% 정도가 애플리케이션으로 보정된 사진을 제출하는데 행정복지센터 공무원도 명의도용 같은 범죄로 이어질 수 있다는 우려 때문에 웬만하면 반려를 한다고 합니다.

단어 명 인공지능 명 미화 명 명의도용 명 보정 명 반려

47. 정답 ③

해설 인공지능 프로필 사진으로 신분증 신청이 가능해지면 명의도용 같은 범죄로 이어질 수 있다는 우려가 있다고 했기 때문에 정답은 3번입니다.

48. 정답 ①

해설 남자는 최근 이슈가 되고 있는 인공지능 프로필 사진에 대해 언급하면서 실제로 신분증 신청을 받고 있는 한 행정복지센터의 사례를 통해 어떤 문제가 될 수 있는지 설명하고 있기 때문에 정답은 1번입니다.

49번은 들은 내용과 같은 것을 고르는 문제
50번은 여자가 말하는 방식을 고르는 문제

여자: 5천 년 화폐의 역사에 대해 오늘 잠시 말씀드릴 텐데요. 세계의
화폐는 모두 저마다 정성스레 디자인되어 있습니다. 건축물이
그려진 돈도 있고 사람이 그려진 돈도 있습니다. 자연이 그려진
것도 있고요. 예를 들어 미국의 화폐에는 조지 워싱턴이나 링컨
같은 역사의 자랑스러운 인물들이 돈에 그려지게 되는데요.
대체로 이런 나라들은 혁명이나 독립전쟁을 한 역사가 있는
나라들입니다. 유로화의 경우는 공통적인 유럽 건축 양식을
화폐에 반영했고 5유로짜리에는 고대 로마의 건물이 있고
10유로짜리에는 중세 초기의 건물, 20유로짜리에는 중세
후기의 건물 그리고 50유로짜리에는 르네상스 시대의 건물을
그려 넣었습니다. 이렇듯 돈을 통해서 우리는 그 사회가
추구하는 것을 엿볼 수 있습니다. 그만큼 돈은 단순히 물건을
상호 교환하는데 쓰이는 도구가 아니라 우리의 정신세계와
깊은 연관이 있는 인문학의 산물인 것이죠.

단어 명 화폐 부 저마다 명 혁명 명 독립전쟁

49. 정답 ④

해설 여자는 화폐의 특징에 대해서 이야기하면서 화폐를
통해 그 사회가 추구하는 것을 엿볼 수 있다고 했으므로
정답은 4번입니다.

50. 정답 ①

해설 여자는 화폐가 가진 특성에 대해서 이야기하면서 다양한
디자인의 화폐에 대해서 설명하고 있으므로 정답은
1번입니다.

쓰기 Writing

[51~54] 글을 읽고 빈 칸에 알맞은 표현 쓰기

51(안내문), 52번(뉴스 기사)은 글을 보고 빈칸에 알맞을 표현을 쓰는 문제
53번은 자료를 보고 내용을 200~300자의 글로 쓰는 문제
54번은 내용을 참고하여 600~700자로 글을 쓰는 문제

51	㉠ : 신입 회원을 모집하고 있습니다.
	㉡ : 댄스를 한 번도 배워 본 경험이 없어서 걱정되시나요?
52	㉠ : 점점 인기가 많아지고 있다
	㉡ : 정확한 정보를 확인해서 안전한 상품으로 다이어트를 하는 것이 중요하다

53 아래 빈칸에 200자에서 300자 이내로 작문하십시오.(띄어쓰기 포함)
(Please write your answer below ; your answer must be between 200 and 300 letters includind space.)

(총 5-6 문장)

[그래프 설명 : 3문장]
1. 독거 노인에 대한 언급
2. 연도별로 수치를 설명한 뒤 가장 크게 변화한 것을 언급(증가, 감소, 상승, 하락 등)

[근거 및 추가 자료 설명 : 1문장-3문장]
3. 독거 노인이 겪는 첫 번째 문제점 언급
4. 독거 노인이 겪는 두 번째 문제점 언급
5. 독거 노인이 겪는 세 번째 문제점 언급

* 이 때 문장의 길이에 따라 긴 문장 하나를 두 개 이상의 문장으로 나누어 쓸 수 있다.

요즘 노인 인구가 늘면서 독거노인 비율도 늘고 있다. 2000년 한국의 독거노인은 16%였는데, 10년 뒤인 2010년에는 17.5%로 늘었고, 2020년에는 20%로 대폭 늘어났다. 독거노인이 겪는 문제점은 첫째, 가족으로부터 경제적 지원을 받기 어렵다. 둘째, 다양한 만성질환에 시달려 신체적으로 기본적인 일상생활을 하기 어렵다. 셋째, 함께 사는 가족이 없기 때문에 외로움을 느끼는 등 정신건강도 취약하다.

54 아래 빈칸에 600자에서 700자 이내로 작문하시오. (띄어쓰기 포함).
(Please write your answer below; your answer must be between 600 and 700 letters including spaces.)

[서론 : 2문장]
지구 온난화의 심각성
주제 언급

[본론 : 12문장]
1. 그동안 지구 온난화에 대해 사람
   들이 해왔던 노력
1) 일회용 식기 사용 줄이는 법 만들기
2) 대기 오염 줄이기 위해 나무 심기
3) 시민 대상 설문조사 실시

2. 그럼에도 불구하고 여전히 해결
   되지 않은 문제점
1) 대기 오염이 여전히 심각함
2) 폐기물 배출 공장이 늘고 있음
3) 플라스틱 오염 증가

3. 앞으로 어떤 노력을 해야 하는지?
1) 일회용품 사용 줄이기
2) 폐기물 처리 후 배출
3) 자연 분해 플라스틱 개발

[결론 : 2문장]
본론 내용 요약 및 앞으로의 과제

요즘 지구 온난화에 대한 이슈가 주목을 받고 있다. 이 글을 통해 지구 온난화의 문제점과 이것을 해결하기 위해서 어떤 노력을 해야 하는지에 대해 살펴보고자 한다.

그동안 지구 온난화에 대해 사람들이 해왔던 노력을 알아보고자 한다. 첫째, 일회용 식기 사용을 줄이기 위해서 특별한 법을 만들었다. 둘째, 대기 오염을 줄이기 위해서 곳곳에 나무를 많이 심었다. 셋째, 시민 대상으로 설문조사를 실시하고 지구 온난화 문제를 해결하기 위한 해결책을 함께 찾는 노력을 했다.

그럼에도 불구하고 여전히 해결되지 않은 문제점은 다음과 같다. 첫째, 수많은 노력에도 불구하고 대기 오염이 여전히 심각하다. 둘째, 폐기물을 배출하는 공장이 늘고 있다. 셋째, 플라스틱 오염이 증가하고 있다.

앞으로 지구 온난화를 해결하기 위해 사람들이 해야 할 노력은 많이 있다. 먼저 일회용품 사용을 줄여야 한다. 또한 폐기물을 배출하는 공장에서는 먼저 폐기물을 잘 처리한 뒤에 배출하는 것이 중요하다. 마지막으로 자연 분해되는 플라스틱을 개발해 플라스틱으로 인한 오염을 줄여야 한다.

지금까지 지구 온난화의 문제점과 이것을 해결하기 위해 어떤 노력을 해야 하는지 살펴보았다. 앞으로도 우리 모두가 관심을 갖고 지구 온난화 문제를 해결할 수 있도록 적극 노력해야 할 것이다.

읽기 Reading

1, 2번은 문장의 흐름에 맞게 빈 칸에 들어갈 알맞은 표현을 고르는 문제

1. **정답** ①
   해설 -(으)면의 표현은 조건을 나타내는 표현입니다. 앞의 조건이 완성되었으면 뒤의 행동을 하러 가자고 제안하는 표현이므로 '식사를 다 했으면'이 알맞습니다.

2. **정답** ③
   해설 -어서/-아서는 이유와 그다음 행동을 나타낼 때 씁니다. 머리가 너무 길었기 때문에 머리를 자를 거라고 말하는 3번이 정답입니다.

3, 4번은 밑줄 친 부분과 의미가 가장 비슷한 것을 고르는 문제

3. **정답** ②
   해설 '-지만'은 앞의 내용과 반대되는 사실을 말할 때 씁니다. 앞의 내용과 다른 결과가 생겼을 때 '-(으)ㄴ데'를 쓸 수 있으므로 정답은 2번입니다.

4. **정답** ①
   해설 '-나 보다'는 어떤 것을 추측할 때 쓰는 표현이다. '-ㄴ 것 같다' 또한 확신은 없으나 추측할 때 쓰는 표현이므로 1번이 정답입니다.

5~8번은 보기에 나온 광고를 보고 어떤 것에 대한 글인지 고르는 문제

5. **정답** ①
   해설 숙면이라는 표현을 통해 잠을 잘 때 입는 것이라는 것을 추측할 수 있습니다. 정답은 잠옷입니다.

6. **정답** ④
   해설 매일 아침에 할 수 있는 것 중 몸의 건강과 마음의 안정을 지킬 수 있는 것은 요가 강좌입니다.

7. **정답** ③
   해설 시력 보호와 자외선 차단이라는 표현을 통해 이 제품이 선글라스라는 것을 알 수 있습니다.

8. **정답** ④
   해설 세탁을 하면 옷과 세제를 세탁기에 넣은 뒤 헹구게 되는데 잔여물 걱정 없이 사용할 수 있다는 것을 통해 세탁 세제 광고라는 것을 알 수 있습니다.

9번은 축제 안내문과 같은 내용을 고르는 문제
10번은 그래프와 같은 내용을 고르는 문제
11~12번은 글을 읽고 글의 내용과 같은 것을 고르는 문제

9. **정답** ④
   해설 제23회 여수 밤바다 불꽃축제는 제목으로 보아 23번째 축제인 것을 알 수 있고 이순신광장 및 장군도 앞 해상에서 진행되기 때문에 바다 근처에서 진행된다는 것을 알 수 있으므로 정답은 4번입니다.

10. **정답** ④
    해설 10대부터 50대까지 모두 아메리카노의 선호도가 1위로 나타났으므로 정답은 4번입니다.

11. **정답** ②
    해설 이 글에서 이 모바일 라이브 방송이 공익사업의 일환이라고 했고 지역 경제 살리기를 목표로 한다고 했으므로 2번이 정답입니다.
    단어 명 판로 명 공익사업 명 일환 명 물살 명 특산품

12. **정답** ②
    해설 날씨가 갑자기 쌀쌀해지면서 길거리 간식이 동절기 식품으로 변화하는 분위기라고 했으므로 정답은 2번입니다.
    단어 명 동절기 식품 명 출시 명 수요 명 직전 주 대비

13~15번은 문장 앞의 연결어를 참고하여 문장을 순서대로 배열하는 문제

13. **정답** ③
    해설 최근 이슈 소개(발달장애인 음악 축제) → 그 이유 설명 (해외에서 처음 진행) → 축제의 의미 설명 → 축제에 대한 추가 설명
    단어 명 화제 동 선보이다

14. **정답** ④
    해설 해파리의 신경세포 소개 , 뇌가 없는 헤파리 → 그럼에도 불구하고 먹이 사냥이 가능한 해파리 → 먹이 사냥이 가능한 이유
    단어 명 신경세포 명 해파리 명 해양 생물

15. **정답** ①
    해설 순환 경제의 정의 → 순환 경제가 필요한 배경 → 순환 경제의 장점1(탄소 배출량 감소) → 순환 경제의 장점2(경제적 가치)
    단어 명 순환경제

16~18번은 글의 흐름에 따라 빈 칸에 들어갈 가장 알맞은 표현을 고르는 문제

16. **정답** ①
    해설 상대방과 좋은 관계를 가지기 위해서 어떻게 말해야 하는지를 얘기하고 있습니다. 그다음 문장에서 '상대방의 좋은 점을 이야기할 때는'이라는 표현이 나왔으므로 1번이 정답입니다.
    단어 명 침묵

17. **정답** ④
    해설 우리나라 글이란 뜻의 한나라글이 한글이 되고 한글에 하나와 크다라는 의미가 더해졌다고 했으므로 훌륭한 우리나라 글을 적는 글자가 정답입니다.

18. 정답 ④

해설 질병을 예방하고 오래 사는 데 도움이 되는 것이 90세 이후에는 달라진다는 내용입니다. 좋은 생활습관뿐만 아니라 특별히 치매를 예방하는 데에는 유전자가 영향을 미친다고 뒤 문장에서 얘기했으므로 정답은 4번입니다.

단어 명 섭취 명 유전자 명 장수

[19~20] 하나의 지문을 읽고 두 개의 문제 풀기 (설명문)

19번은 글의 빈 칸에 알맞은 표현을 고르는 문제
20번은 글의 주제를 고르는 문제

19. 정답 ③

해설 본문에서는 물을 마시는 습관이 좋은 것이라고 이야기하고 있습니다. 이때 피부에 수분을 공급하고 몸에 있는 나쁜 물질을 내보내기 위해서 물을 충분히 마시는 것이 중요하다는 표현이 가장 알맞습니다.

단어 명 수분

20. 정답 ②

해설 본문에서는 다이어트를 할 때 지키면 좋은 세 가지에 대해서 이야기하고 있으므로 정답은 2번입니다.

[21~22] 하나의 지문을 읽고 두 개의 문제 풀기 (설명문)

21번 빈 칸에 들어갈 알맞은 표현을 고르는 문제
22번은 글의 내용과 같은 것을 고르는 문제

21. 정답 ②

해설 조기 유학에는 장점과 단점이 있으므로 아이의 성향과 교육의 목적에 따라 신중하게 고려해야 한다는 내용이기 때문에 정답은 2번입니다.

단어 명 조기유학 명 노출 명 습득 명 낯선 타지 동 고려하다

22. 정답 ①

해설 조기유학을 하면서 다른 나라에서 살면 그 나라 언어를 더 잘 습득하게 된다고 했으므로 정답은 1번입니다.

[23~24] 하나의 지문을 읽고 두 개의 문제 풀기 (소설)

23번은 밑줄 친 부분에 나타난 '나'의 심정을 고르는 문제
24번은 글의 내용과 같은 것을 고르는 문제

23. 정답 ④

해설 이 사람은 추운 겨울에 가스 요금을 낼 돈이 없어서 겨우 잠을 청했다고 했습니다. 경제적으로 어려움을 겪을 때에는 비참하다는 표현이 알맞습니다. 정답은 4번입니다.

단어 명 학사 경고 명 제적

24. 정답 ①

해설 이 사람은 10년 전에 좋지 않은 성적으로 학사 경고를 3번 받아 제적 당했다고 했습니다. 따라서 정답은 1번입니다.

[25~27] 신문기사 제목으로 내용 유추하기

25~27번은 신문 기사의 제목을 보고 어떤 내용일지 고르는 문제

25. 정답 ③

해설 주요 과목이 아닌 체육 교과목이 학교에서 소외 받으면서 학원에서 운동을 배워야만 하는 상황이라는 내용이므로 정답은 3번입니다.

26. 정답 ②

해설 치매 환자가 100만 명으로 늘어난 시대에 가벼운 증상만 있더라도 생활비 맞춤 지원을 받을 수 있다는 내용이므로 정답은 2번입니다.

단어 명 치매 명 경증 명 유병자

27. 정답 ④

해설 지방이 사라지는 것을 막기 위한 기금을 편성했는데 그 기금을 사용하는 예가 많지 않았다는 내용이므로 정답은 4번입니다.

단어 명 지방 소멸 대응기금 집행 저조

[28~31] 빈 칸에 들어갈 말 고르기

28~31번은 글의 내용을 읽고 빈 칸에 들어갈 알맞은 표현을 고르는 문제

28. 정답 ①

해설 친환경 종이 포장을 사용하거나 일회용품에 추가금을 받는 것은 일회용품 사용을 자제하기 위한 움직임이라고 볼 수 있기 때문에 정답은 1번입니다.

단어 명 지속 가능한 발전 명 규제 강화 명 추가금

29. 정답 ④

해설 이순신 장군은 거북선을 통해서 해군의 역사를 바꾸었는데 이 거북선은 전투를 위한 배를 말하고 그것을 직접 만들었던 것이 매우 혁신적이었기 때문에 정답은 4번입니다.

단어 명 혁신적인 전투선 명 명예

30. 정답 ③

해설 문화가 국제적으로 교류된다는 표현이 앞에 있으므로 국제적으로 퍼진다는 내용이 들어가야 알맞습니다. 정답은 3번입니다.

단어 명 전파 명 국제 교류

31. 정답 ②

해설 사람들의 위생 관념에 대해 이야기를 하고 있고 전염병 예방을 위해 사용되는 백신의 효과에 대해서 설명하고 있으므로 정답은 2번입니다.

단어 명 위생 관념

32. 정답 ③

해설 최근 편의점의 매출 상황과 그 이유에 대해 설명하고 있습니다. 편의점 매출은 최근에 다시 성장하고 있는데 물가 상승 때문에 사람들의 소비 트렌드가 변화하고 있다고 했으므로 정답은 3번입니다.

단어 명 포화 상태 명 고물가 상승 명 점포 수 명 소비 트렌드

33. 정답 ④

해설 본문에서 대한민국은 민주주의를 기반으로 하는 공화국이라고 말했습니다. 민주주의에서는 국민이 주권을 가지게 되고 국가 원수를 선출하는 공화국이라는 형태가 합쳐서 대한민국은 민주공화국이 되므로 정답은 4번입니다.

단어 명 민주주의 명 공화국 명 주권

34. 정답 ②

해설 인공지능이 은행 분야에서 어떤 역할을 할 수 있는지에 대한 설명입니다. 인공지능은 연중무휴 24시간 동안 고객 지원을 제공한다고 했으므로 정답은 2번입니다.

단어 형 혁신적인 명 신용도 평가 명 자동화 명 운영 효율성 명 인적 자원

35. 정답 ③

해설 홍채나 얼굴 인식으로 인증하는 기술과 생체인식 정보를 이용한 해킹 사례와 대책을 마련하는 것에 대한 필요성을 이야기하고 있습니다. 따라서 정답은 3번입니다.

단어 명 홍채 명 생체인식 정보 명 위조 명 변조 명 통제

36. 정답 ②

해설 팬데믹이 출판산업에 미치는 영향과 온라인 판매와 오프라인 판매에 대해 이야기하고 있습니다. 전체적으로 출판산업이 어려워지고 있다고 했으므로 정답은 2번입니다.

단어 명 팬데믹 명 출판산업 부 현저히 명 판매율 부 예전처럼

37. 정답 ④

해설 과일 섭취와 당분에 관한 내용이며 과다한 당분 섭취로 인해 결국 우울증과 불안을 유발할 수 있다고 했으므로 정답은 4번입니다.

단어 명 신진대사 명 겨울 형 혹독한 명 과당 명 증상

38. 정답 ①

해설 사회적 동조 현상과 깨진 유리창에 대한 글입니다. 사람들이 하는 행동을 따라하는 사회적 동조 현상을 통해 쓰레기가 버려져 있는 도로가 더욱 쓰레기로 뒤덮일 수 있다는 내용을 말하고 있으므로 정답은 1번입니다.

단어 명 침범 명 관리자 명 생존권 명 존중 명 공생

39. 정답 ②

해설 '이러한 활동'으로 시작했기 때문에 앞 문장에서 활동과 관련한 내용이 나와야 합니다. 다양한 캠페인과 교육에 대해 언급한 문장 다음에 이러한 활동에 대한 설명이 나오는 것이 가장 알맞습니다. 그래서 정답은 2번입니다.

단어 명 인식 명 프로그램

40. 정답 ④

해설 또한으로 시작한 문장이기 때문에 앞에 설명이 나온 것을 덧붙이는 문장이 됩니다. 갯벌에 대한 이야기를 하고 있으므로 갯벌에 대해 이야기한 문장 앞에 오는 것이 맞습니다. 정답은 4번입니다.

단어 명 해안 지형 명 모래사장 명 갯벌

41. 정답 ④

해설 힘들어진 경제 상황에 대해 그것을 개선하는 정책에 대한 설명이므로 '극복하기 위한 노력을 하였다.' 다음에 오는 것이 가장 알맞습니다. 정답은 4번입니다.

단어 동 극복하였다

42. 정답 ④

해설 상태가 좋지 않았던 딸에 대해서 괜찮은지 걱정하며 묻고 있으므로 정답은 4번입니다.

단어 형 초조하다 명 온기 형 부산스럽다 명 실어증

43. 정답 ①

해설 정아의 딸은 두 달 전쯤 실어증으로 말을 하지 못해 심리 상담가를 통해 상담을 받았다고 했으므로 정답은 1번입니다.

44. 정답 ②

해설 한국의 종교가 다양해지고 있으므로 상호 배려와 존중이 필요하다고 했기 때문에 정답은 2번입니다.

단어 명 종교 명 자비 명 효도 명 예의 명 선교사

45. 정답 ②

해설 다양한 종교에 대해 서로 이해하고 존중하는 태도가 필요하다고 했으므로 정답은 2번입니다.

[46~47] 하나의 지문을 읽고 두 개의 문제 풀기

46번은 글을 읽고 글쓴이의 태도로 알맞은 것을 고르는 문제
47번은 글의 내용과 같은 것을 고르는 문제

46. 정답 ④

     해설 예전에 다른 나라로부터 지원 받았던 한국이 이제 다른
     나라의 경제 성장을 도와주는 역할에 더 적극적으로
     참여해야 한다고 했으므로 정답은 4번입니다.

     단어 명 무역 규모 명 첨단 제품 명 자유무역협정 명 보건 명 원조

47. 정답 ③

     해설 한국의 수출과 수입 규모가 꾸준히 상위권을 유지한다고
     했으므로 정답은 3번입니다.

[48~50] 하나의 지문을 읽고 세 개의 문제 풀기

48번은 글의 목적을 고르는 문제
49번은 빈 칸에 들어갈 알맞은 표현을 고르는 문제
50번은 글의 내용과 같은 것을 고르는 문제

48. 정답 ③

     해설 슬로시티의 의미를 설명하고 장점과 단점을 이야기한
     뒤에 목적에 맞는 환경 조성이 필요하다고 했으므로
     정답은 3번입니다.

     단어 형 무분별한 명 전통문화 명 관광 산업 명 지역 경제 명 부작용

49. 정답 ①

     해설 슬로시티란 바쁜 현대 도시와는 달리 느린 도시를 의미
     한다고 했으므로 정답은 1번입니다.

50. 정답 ③

     해설 바쁜 현대 도시에 비해 느리지만 행복함을 추구하는
     농경사회 같은 환경을 조성하는 것이 슬로시티의 핵심
     이므로 정답은 3번입니다.

MEMO

MEMO

한국어능력시험
TOPIK II
1 교시 (듣기)

| 성 명
(Name) | 한 국 어
(Korean) | |
| | 영 어
(English) | |

수험번호

8

0	0	0	0	0	0		0	0	0	0	0
1	1	1	1	1	1		1	1	1	1	1
2	2	2	2	2	2		2	2	2	2	2
3	3	3	3	3	3		3	3	3	3	3
4	4	4	4	4	4		4	4	4	4	4
5	5	5	5	5	5		5	5	5	5	5
6	6	6	6	6	6		6	6	6	6	6
7	7	7	7	7	7		7	7	7	7	7
8	8	8	8	8	●		8	8	8	8	8
9	9	9	9	9	9		9	9	9	9	9

문제지 유형 (Type)

홀수형 (Odd number type) ◯

짝수형 (Even number type) ◯

결 시 결시자의 영어 성명 및
확인란 수험번호 기재 후 표기

* 본인 및 수험번호 표기가
정확한지 확인

감독관
확인 (인)

* 위 사항들을 지키지 않아 발생하는 불이익은 응시자에게 있습니다.

* 감독관
확인 본인 및 수험번호 표기가
정확한지 확인

번호	답 란			
1	1	2	3	4
2	1	2	3	4
3	1	2	3	4
4	1	2	3	4
5	1	2	3	4
6	1	2	3	4
7	1	2	3	4
8	1	2	3	4
9	1	2	3	4
10	1	2	3	4
11	1	2	3	4
12	1	2	3	4
13	1	2	3	4
14	1	2	3	4
15	1	2	3	4
16	1	2	3	4
17	1	2	3	4
18	1	2	3	4
19	1	2	3	4
20	1	2	3	4

번호	답 란			
21	1	2	3	4
22	1	2	3	4
23	1	2	3	4
24	1	2	3	4
25	1	2	3	4
26	1	2	3	4
27	1	2	3	4
28	1	2	3	4
29	1	2	3	4
30	1	2	3	4
31	1	2	3	4
32	1	2	3	4
33	1	2	3	4
34	1	2	3	4
35	1	2	3	4
36	1	2	3	4
37	1	2	3	4
38	1	2	3	4
39	1	2	3	4
40	1	2	3	4

번호	답 란			
41	1	2	3	4
42	1	2	3	4
43	1	2	3	4
44	1	2	3	4
45	1	2	3	4
46	1	2	3	4
47	1	2	3	4
48	1	2	3	4
49	1	2	3	4
50	1	2	3	4

한국어능력시험
TOPIK II
1 교시 (듣기)

| 성 명
(Name) | 한 국 어
(Korean) | | |
| | 영 어
(English) | | |

수 험 번 호

	8									

문제지 유형 (Type)

홀수형 (Odd number type) ◯

짝수형 (Even number type) ◯

* 결 시
확인란　결시자의 영어 성명 및
수험번호 기재 후 표기

* 위 사항을 지키지 않아 발생하는 불이익은 응시자에게 있습니다.

감독관
확 인　본인 및 수험번호 표기가
정확한지 확인　(인)

번호	답		란	
1	①	②	③	④
2	①	②	③	④
3	①	②	③	④
4	①	②	③	④
5	①	②	③	④
6	①	②	③	④
7	①	②	③	④
8	①	②	③	④
9	①	②	③	④
10	①	②	③	④
11	①	②	③	④
12	①	②	③	④
13	①	②	③	④
14	①	②	③	④
15	①	②	③	④
16	①	②	③	④
17	①	②	③	④
18	①	②	③	④
19	①	②	③	④
20	①	②	③	④

번호	답		란	
21	①	②	③	④
22	①	②	③	④
23	①	②	③	④
24	①	②	③	④
25	①	②	③	④
26	①	②	③	④
27	①	②	③	④
28	①	②	③	④
29	①	②	③	④
30	①	②	③	④
31	①	②	③	④
32	①	②	③	④
33	①	②	③	④
34	①	②	③	④
35	①	②	③	④
36	①	②	③	④
37	①	②	③	④
38	①	②	③	④
39	①	②	③	④
40	①	②	③	④

번호	답		란	
41	①	②	③	④
42	①	②	③	④
43	①	②	③	④
44	①	②	③	④
45	①	②	③	④
46	①	②	③	④
47	①	②	③	④
48	①	②	③	④
49	①	②	③	④
50	①	②	③	④

한국어능력시험
TOPIK II
1 교시 (쓰기)

| 성 명
(Name) | 한 국 어
(Korean) | | | | | | | | | | | |
| | 영 어
(English) | | | | | | | | | | | |

수 험 번 호

		8										
⓪	⓪		⓪	⓪	⓪	⓪		⓪	⓪	⓪	⓪	⓪
①	①		①	①	①	①		①	①	①	①	①
②	②		②	②	②	②		②	②	②	②	②
③	③		③	③	③	③		③	③	③	③	③
④	④		④	④	④	④		④	④	④	④	④
⑤	⑤		⑤	⑤	⑤	⑤		⑤	⑤	⑤	⑤	⑤
⑥	⑥		⑥	⑥	⑥	⑥		⑥	⑥	⑥	⑥	⑥
⑦	⑦		⑦	⑦	⑦	⑦		⑦	⑦	⑦	⑦	⑦
⑧	⑧		⑧	⑧	⑧	●		⑧	⑧	⑧	⑧	⑧
⑨	⑨		⑨	⑨	⑨	⑨		⑨	⑨	⑨	⑨	⑨

문제지 유형 (Type)

홀수형 (Odd number type) ◯

짝수형 (Even number type) ◯

* 결 시 결시자의 영어 성명 및
확인란 수험번호 기재 후 표기

* 위 사항을 지키지 않아 발생하는 불이익은 응시자에게 있습니다.

| * 감독관
확 인 | 본인 및 수험번호 표기가
정확한지 확인 | (인) |

주관식 답안은 정해진 답란을 벗어나거나 답란을 바꿔서 쓸 경우 점수를 받을 수 없습니다.
(Answers written outside the box or in the wrong box will not be graded.)

| 51 | ㉠ | |
| | ㉡ | |

| 52 | ㉠ | |
| | ㉡ | |

53 아래 빈칸에 200자에서 300자 이내로 작문하시오. (띄어쓰기 포함).
(Please write your answer below; your answer must be between 200 and 300 letters including spaces.)

					50
					100
					150
					200
					250
					300

※ 54번은 뒷면에 작성하십시오. (Please write your answer for question number 54 at the back.)

주관식 답안은 정해진 답란을 벗어나거나 답란을 바꿔서 쓸 경우 점수를 받을 수 없습니다.
(Answers written outside the box or in the wrong box will not be graded.)

51	㉠	
	㉡	
52	㉠	
	㉡	

53 아래 빈칸에 200자에서 300자 이내로 작문하시오. (띄어쓰기 포함).
(Please write your answer below; your answer must be between 200 and 300 letters including spaces.)

50
100
150
200
250
300

※ 54번은 뒷면에 작성하십시오. (Please write your answer for question number 54 at the back.)

한국어능력시험
TOPIK II
1 교시 (쓰기)

| 성 명 (Name) | 한 국 어 (Korean) | |
| | 영 어 (English) | |

수 험 번 호

8

문제지 유형 (Type)

홀수형 (Odd number type) ◯
짝수형 (Even number type) ◯

* 결 시 결시자의 영어 성명 및
확인란 수험번호 기재 후 표기

* 위 사항을 지키지 않아 발생하는 불이익은 응시자에게 있습니다.

* 감독관 본인 및 수험번호 표기가
확 인 정확한지 확인 (인)

한국어능력시험
TOPIK II
2 교시 (읽기)

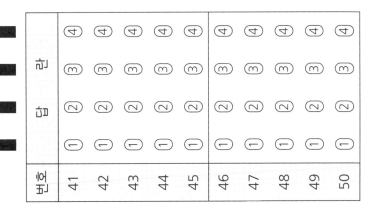

| 성 명 (Name) | 한 국 어 (Korean) | |
| | 영 어 (English) | |

수험번호

번호	답란			
1	①	②	③	④
2	①	②	③	④
3	①	②	③	④
4	①	②	③	④
5	①	②	③	④
6	①	②	③	④
7	①	②	③	④
8	①	②	③	④
9	①	②	③	④
10	①	②	③	④
11	①	②	③	④
12	①	②	③	④
13	①	②	③	④
14	①	②	③	④
15	①	②	③	④
16	①	②	③	④
17	①	②	③	④
18	①	②	③	④
19	①	②	③	④
20	①	②	③	④

번호	답란			
21	①	②	③	④
22	①	②	③	④
23	①	②	③	④
24	①	②	③	④
25	①	②	③	④
26	①	②	③	④
27	①	②	③	④
28	①	②	③	④
29	①	②	③	④
30	①	②	③	④
31	①	②	③	④
32	①	②	③	④
33	①	②	③	④
34	①	②	③	④
35	①	②	③	④
36	①	②	③	④
37	①	②	③	④
38	①	②	③	④
39	①	②	③	④
40	①	②	③	④

번호	답란			
41	①	②	③	④
42	①	②	③	④
43	①	②	③	④
44	①	②	③	④
45	①	②	③	④
46	①	②	③	④
47	①	②	③	④
48	①	②	③	④
49	①	②	③	④
50	①	②	③	④

문제지 유형 (Type)

홀수형 (Odd number type) ◯
짝수형 (Even number type) ◯

* 결 시 결시자의 영어 성명 및
확인란 수험번호 기재 후 표기

* 위 사항을 지키지 않아 발생하는 불이익은 응시자에게 있습니다.

감독관 본인 및 수험번호 표기가
확 인 정확한지 확인 (인)

한국어능력시험
TOPIK II
2 교시 (읽기)

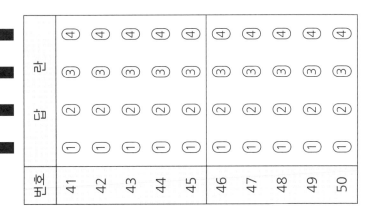

성 명 (Name)	한 국 어 (Korean)	
	영 어 (English)	

수험번호

번호	답			란
1	①	②	③	④
2	①	②	③	④
3	①	②	③	④
4	①	②	③	④
5	①	②	③	④
6	①	②	③	④
7	①	②	③	④
8	①	②	③	④
9	①	②	③	④
10	①	②	③	④
11	①	②	③	④
12	①	②	③	④
13	①	②	③	④
14	①	②	③	④
15	①	②	③	④
16	①	②	③	④
17	①	②	③	④
18	①	②	③	④
19	①	②	③	④
20	①	②	③	④

번호	답			란
21	①	②	③	④
22	①	②	③	④
23	①	②	③	④
24	①	②	③	④
25	①	②	③	④
26	①	②	③	④
27	①	②	③	④
28	①	②	③	④
29	①	②	③	④
30	①	②	③	④
31	①	②	③	④
32	①	②	③	④
33	①	②	③	④
34	①	②	③	④
35	①	②	③	④
36	①	②	③	④
37	①	②	③	④
38	①	②	③	④
39	①	②	③	④
40	①	②	③	④

번호	답			란
41	①	②	③	④
42	①	②	③	④
43	①	②	③	④
44	①	②	③	④
45	①	②	③	④
46	①	②	③	④
47	①	②	③	④
48	①	②	③	④
49	①	②	③	④
50	①	②	③	④

문제지 유형 (Type)

홀수형 (Odd number type) ○
짝수형 (Even number type) ○

결 시
확인란 | 결시자의 영어 성명 및
수험번호 기재 후 표기

* 위 사항을 지키지 않아 발생하는 불이익은 응시자에게 있습니다.

감독관
확 인 | 본인 및 수험번호 표기가
정확한지 확인 (인)

| 700 |
| 650 |
| 600 |
| 550 |
| 500 |
| 450 |
| 400 |
| 350 |
| 300 |
| 250 |
| 200 |
| 150 |
| 100 |
| 50 |

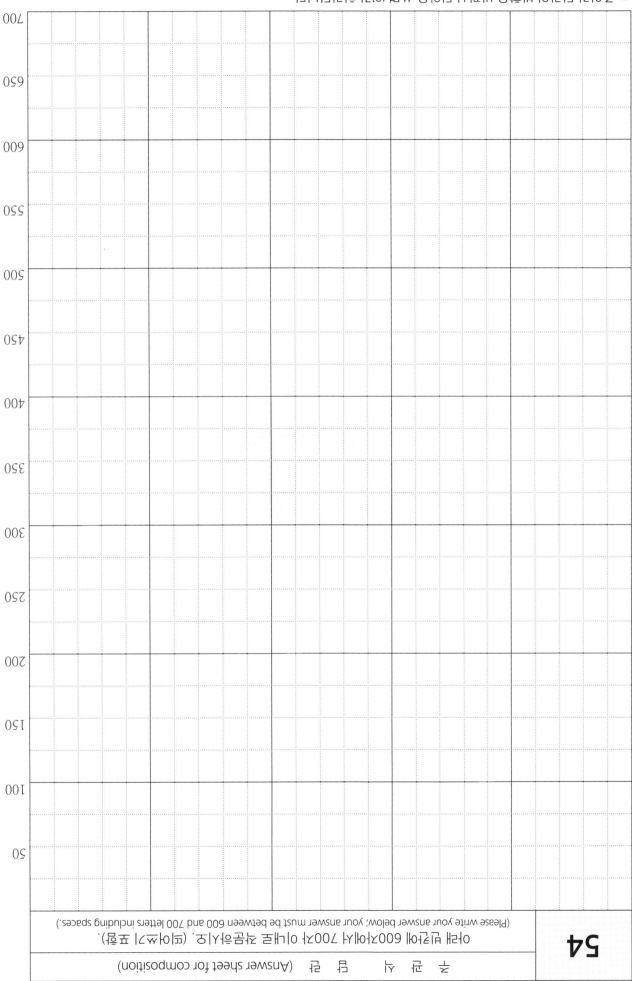

아래 빈칸에 600자에서 700자 이내로 작문하시오. (띄어쓰기 포함)
(Please write your answer below; your answer must be between 600 and 700 letters including spaces.)

54

주관식 답안 (Answer sheet for composition)

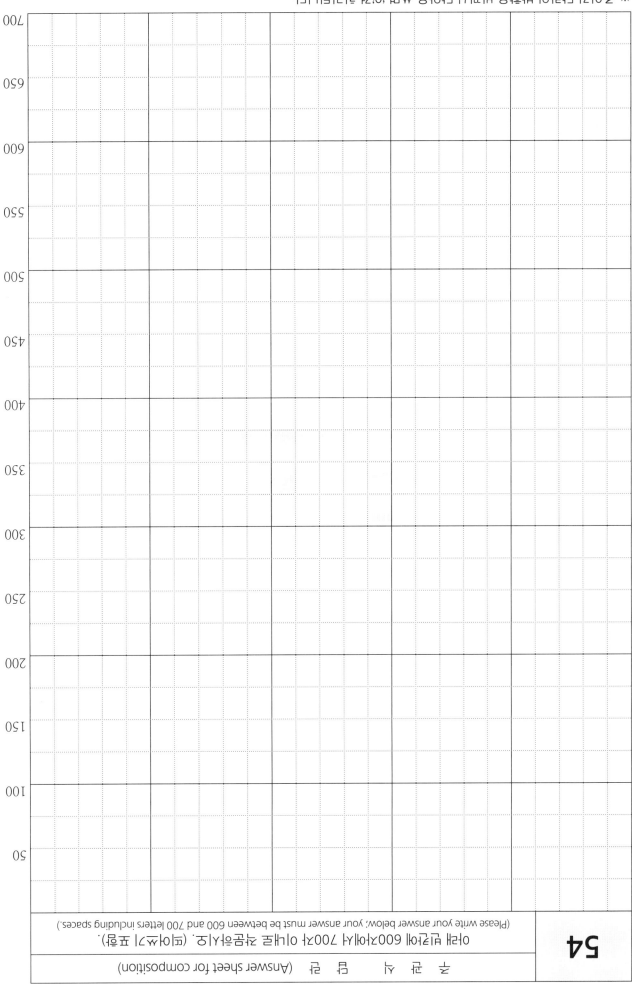

54

주 관 식 답 란 (Answer sheet for composition)

아래 빈칸에 600자에서 700자 이내로 작문하십시오. (띄어쓰기 포함).
(Please write your answer below; your answer must be between 600 and 700 letters including spaces.)

※ 주어진 답안의 방향대로 바르게 답안을 작성해 주십시오. '0'점 처리됩니다.
(Please do not turn the answer sheet horizontally. No points will be given.)